누가가 기록한
그리스도의 생애

St.Luke's Life of Christ

Translated into Modern English by J. B. Phillips
By Phillips, J. B. and Ardizzone, Edward
Copyright © 1956 SCM

This Korean edition is published by arrangement with
Church House Publishing,
the publishing arm of the Archbishop's Proprietor of the Church of England.

This Korean edition copyright © Abba Book House.,
Goyang-si, Gyeonggi-do, Republic of Korea. All rights reserved.

이 책의 저작권은 Church House Publishing과 독점 계약한 아바서원에 있습니다.
신 저작권법에 의해 한국 내에서 보호를 받는 저작물이므로
무단전재와 복제를 금합니다.

본문은 『필립스 신약성경』의 누가복음(24:50~53 제외)과
사도행전(1:5~2:47)에서 발췌한 것입니다.

St. LUKE'S LIFE OF CHRIST

누가가 기록한 그리스도의 생애

J. B. 필립스 | 김명희 옮김

에드워드 아르디존 일러스트

아바서원

St. LUKE'S LIFE OF CHRIST

서문

07

1부

11

2부

35

3부

79

4부

137

5부

169

서문

　누가복음의 저자가, '사랑받는 의사'이자 바울의 동료요 동역자인 누가라는 사실에는 의심의 여지가 없다. 물론 이 작품은 그가 쓴 '두 권' 중 첫 번째 책이다. 두 번째 책은 우리가 사도행전이라 알고 있는 작품이다. 그가 유대인이 아니고 직업이 의사라는 것은 보편적으로 인정되는 사실이다.

　많은 이들이 이 복음서를 사복음서 중 가장 아름답다고 생각한다. 문체 때문이기도 하고, 누가가 스스로 그려낸 주님의 모습이 깊은 공감을 불러일으키기 때문이다. 그가 예술가였다는 오랜 전승이 있다. 사실인지는 불확실하지만, 우리가 예술가의 감수성이 전해지는, 확실히 풍요롭고 자세한 예수의 이야기를 읽을 수 있게 된 것은 누가 덕분이다.

누가가 고백하는 대로, 그는 기존 서술들을 세심하게 비교하고 수정했지만, 엄청난 양의 추가 자료를 참고한 것으로 보인다. 우리는 그가 어떤 자료를 활용했는지 그중 일부를 합리적으로 추정할 수 있다. 그가 마가복음을 알았다는 것은 거의 확실하다. 또 학자들은 존재한다고 믿지만 출처는 알 수 없는 'Q' 자료를 활용할 수 있었을 것이다. 하지만 그런 흔적은 없다. 또 그가 가진 기억과 가이사랴에서 모은 자료들도 있었다(사도행전 24장 27절).

이 작품이 어떤 과정을 거쳐 기록되었는지 정확하게 말하기는 불가능하지만, 꽤 많은 학자들은 누가가 바울과 함께 여행하는 동안 기록한 초판이 있고, 추후에 다른 자료들, 이를테면 출생 이야기와 서문 등을 추가했을 것이라고 생각한다. 마가처럼 누가도 주로 비유대인 독

자들을 위해 글을 썼다. 예를 들면, 이방인 백부장이 예수가 이스라엘에서 만난 어떤 믿음보다 더 큰 믿음을 가진 자로 지목된다. 또한 유대인들에게 아주 혐오스러운 존재인 사마리아인들이 여러 번 등장해 칭찬을 받는다. 예수의 족보는 유대인의 조상 아브라함이 아니라 온 인류의 조상 아담까지 거슬러 올라간다.

누가는 어느 복음서 저자보다, 죄인들과 버림받은 이들과 불행한 이들을 향한 예수의 사랑과 연민을 아주 선명하게 보여준다. 또한 이야기가 전개되면서 여자들을 존중하는 모습도 나타난다. 이를 통해 우리는, 저자가 그의 주님을 알아감으로써, 그의 시대를 훨씬 앞서 있었음을 알게 된다. 오늘날 많은 학자들은 누가복음과 사도행전 집필 시기를, 바울의 죽음 직후이자 예루살렘 멸망

이전, 즉 65년에서 70년 사이로 본다. 눈앞에서 보는 것 같이 생생하지만 언제나 세심하고 정확한 문체는 진실이 주는 진한 감동을 전한다.

1부

많은 이들이 이미 우리 가운데서 일어난 사건을 기록했다. 우리가 알기로 그들의 작품은 목격자이자 그 말씀을 가르쳤던 이들의 증언에 기초한 것이다. 그래서 나도 처음부터 이 사건들을 세심하게 추적해왔으므로, 당신을 위해 직접 그 사건들을 차례대로 쓰기로 마음먹었다. 이를 통해 당신은 이미 배워서 알고 있는 내용에 관한 믿을 만한 정보를 얻을 수 있을 것이다.

이야기는 헤롯이 유대 왕이었고 사가랴(아비야 조에 속한)라는 제사장이 있었을 때 시작된다. 그의 아내 엘리사벳은 그처럼 아론의 후손이었다.

두 사람은 진실로 신앙심이 깊었고, 주의 계명과 명령을 모두 나무랄 데 없이 지켰다. 엘리사벳이 불임이라

하나님의 나이 든 제사장이 환상을 보다

그들에게는 자녀가 없었고 둘 다 나이도 많았다. 어느 날 사가랴가 제사장 직무를 수행하는 동안(그의 조가 직무 당번이었다), 성소 안으로 들어가 분향하는 일을 맡게 되었다.

그가 분향하는 그 시간에 밖에서는 수많은 회중이 기도하고 있었다.

그때 주의 천사가 분향단 오른쪽에 나타났다. 사가랴는 천사를 보고 심히 당황하고 두려움에 사로잡혔다. 그러나 천사가 사가랴에게 말했다.

"사가랴야, 두려워하지 마라. 하나님께서 네 기도를 들으셨다. 네 아내 엘리사벳이 너에게 아들을 낳아줄 것이니, 요한이라고 이름을 지어주어라. 너는 이 일로 기뻐하고 즐거워하게 될 것이고, 그가 태어남으로 더욱 많은 이들이 기뻐할 것이다. 그는 위대한 하나님의 사람이 될 것이고, 포도주나 독한 술을 입에 대지 않을 것이며, 태어나는 순간부터 성령으로 충만할 것이다. 그는 수많은 이스라엘 자손을 주 그들의 하나님께로 돌아오게 할 것이다. 또한 엘리야의 심령과 능력으로 하나님보다 먼저 와서 아버지와 자녀를 화해시키고, 불순종하는 이들이 선한 사람들의 지혜를 되찾도록 해주고, 주를 위해 그 백성을 온전히 준비시킬 것이다."

그러나 사가랴가 천사에게 대답했다. "그것이 사실인지 제가 어떻게 알 수 있습니까? 저도 늙었고 제 아내도 나이가 많습니다…."

천사가 대답했다. "나는 가브리엘이며, 하나님 앞에 서 있다. 나는 너와 대화를 나누고 이 기쁜 소식을 전하기 위해 보내심을 받았다. 그런데 네가 내 말을 믿지 않으므로, 너는 말을 하지 못하고 지낼 것이다. 그 일이 일어나는 날까지 한마디도 못할 것이다. 그러나 내가 네게 말한 모든 일이 제때에 이루어지리라는 것은 확실히 믿어라."

그러는 동안 사람들은 사가랴가 성소에서 왜 이리 오래 있는지 의아해하며 그를 기다리고 있었다. 그런데 그가 나왔는데 한 마디도 하지 못하자, 그들은 그가 성전에서 환상을 보았음을 알아챘다. 그는 손짓으로 의사 표시를 했지만 입으로는 소리가 나오지 않았다. 그 후 사가랴는 직무 기간을 끝내고 집으로 돌아왔다. 그러고 얼마 지나지 않아서 그의 아내 엘리사벳이 임신했고, 그녀는 다섯 달 동안 운둔해 있었다.

엘리사벳은 "주께서 내 수치를 없애주시다니, 그분은 내게 정말 선한 분이시다" 하고 말했다.

그러고 나서 여섯째 달이 되었을 때, 하나님이 천사 가브리엘을 갈릴리의 나사렛으로, 요셉(다윗의 자손)이라는 남자와 약혼한 어린 여자에게 보내셨다. 그 소녀의 이름은 마리아였다. 천사가 마리아의 방에 들어가서 말했다. "반갑다, 마리아야. 은혜를 입은 자야! 주께서 너와 함께하신다!"

나사렛의 어린 여자가 환상을 보다

마리아는 이 말을 듣고 심히 당황하여 이 인사가 어떤 의미일까 궁금해했다. 그러나 천사가 마리아에게 말했다. "마리아야, 두려워하지 마라. 하나님이 너를 아주 사랑하신다. 너는 한 아들의 어머니가 되고 그 아이를 예수라고 부를 것이다. 그는 위대한 인물이 되고 지극히 높은 분의 아들로 알려질 것이다. 주 하나님께서 그에게 조상 다윗의 왕좌를 주실 것이고, 그는 영원히 야곱의 백성을 다스리는 왕이 될 것이다. 그의 통치는 영원할 것이다."

그러자 마리아가 천사에게 말했다. "어떻게 그런 일이 가능한지요? 저는 결혼을 하지 않았습니다!"

그러나 천사는 마리아에게 이렇게 대답했다. "성령께서 네게 임하시고, 지극히 높은 분의 능력이 너를 감쌀 것이다. 그러므로 너의 아이는 거룩한 분, 하나님의 아들로 불릴 것이다. 너의 사촌 엘리사벳도 나이가 많은데도 불구하고 아들을 임신했다. 사실 불임이라고들 하던 여인 엘리사벳이 이제 임신한 지 여섯 달이나 되었다. 하나님의 약속은 반드시 이루어진다."

마리아는 "제 몸과 영혼은 주님의 것입니다. 당신이 말씀하신 대로 이루어지기를 바랍니다" 하고 대답했다. 이 말을 듣고 천사가 마리아에게서 떠났다.

마리아는 지체하지 않고 준비하여, 사가랴와 엘리사벳이 사는 유대의 산에 있는 마을로 급히 떠났다. 그러고는 그들의 집으로 들어가서 엘리사벳에게 인사를 했다. 엘리사벳이 마리아의 인사를 들었을 때, 아직 태어나지 않은 아기가 태중에서 움직였고 엘리사벳은 성령으로 충만하여 큰 소리로 외쳤다.

"그대는 여자들 중에서 복을 받았고, 그대의 아이도 복을 받았습니다! 내 주님의 어머니가 나를 보러 오다니 얼마나 영광입니까! 그대의 인사가 내 귀에 들리자마자 내 태중의 아이가 기뻐 뛰어놀았습니다! 오, 하나님을 믿은 여자는 얼마나 행복한지요. 그 여자에게 하신 하나님의 약속이 이루어질 테니까요."

그때 마리아가 말했다. "내 마음에 내 주님을 향한 찬양이 넘쳐흐릅니다. 내 영혼에 내 구주 하나님으로 인한 기쁨이 가득합니다. 주께서 주의 비천한 종에게 관심을 두셨으므로, 다가올 모든 세대가 나를 가장 행복한 여자라 할 것입니다! 무슨 일이든 하실 수 있는 분이 내게 위대한 일을 행하셨습니다. 오, 그 이름이 거룩합니다! 진실로 어떤 세대든 주를 두려워하는 이들에게 주의 자비가 임합니다. 주께서는 그 팔의 힘을 보이셨고, 높은 자와 힘센 자들을 없애버리셨습니다. 왕들을 왕좌에서 내리고 비천한 자들을 높이셨습니다. 굶주린 자들을 좋은 것으로 배불리 먹이고 부자들을 빈손으로 떠나보내셨습니다. 주께서는 주의 자녀 이스라엘을 도우셨습니다. 그 자비를 기억하신 것입니다. 주께서 우리 조상들에게, 아브라함과 그의 자손들에게 영원히 베푸시겠다고 약속하셨던 그 자비를!"

마리아는 엘리사벳과 세 달쯤 함께 있다가 집으로 돌아갔다. 그러고 나서 엘리사벳이 출산할 때가 차서 아들을 낳았다. 이웃과 친척들은 주께서 엘리사벳에게 큰 자비를 베푸셨다는 소식을 듣고, 함께 기뻐했다.

여덟째 날이 되자, 그들은 아이에게 할례를 행하고 아버지 이름을 따라 아이 이름을 사가랴라 하고자 했다. 그러나 아이의 어머니가 말했다. "안 됩니다! 아이 이름은 요한이라고 해야 합니다."

"그러나 당신의 친척 중에 요한이라는 이름은 없습니다" 하고 그들이 대답했다. 그래서 그들은 아이의 아버지에게 손짓을 하여, 아이의 이름을 어떻게 하려는지 알아보았다. 그는 손짓으로 서판을 달라고 하여 "아이 이름은 요한입니다"라고 썼고, 이로 인해 모두가 깜짝 놀랐다. 그때 갑자기 그의 말하는 능력이 돌아왔고, 그의 첫 말은 하나님께 드리는 감사였다. 이웃들이 이를 보고 경외감에 사로잡혀, 이 모든 사건을 유대 산지 곳곳에

알렸다. 사람들은 이 일 전체를 마음속으로 깊이 생각하며 말했다. "이 아이가 앞으로 어떻게 될까? 주께서는 분명 이 아이에게 복을 주셨다."

그때 아이의 아버지 사가랴가 성령이 충만하여 예언자처럼 말했다. "주 이스라엘의 하나님을 찬양하여라. 주께서는 자기 백성을 향하여 얼굴을 돌리시고 그들을 해방하셨다! 또 우리를 위해 주의 종 다윗의 집에서 구원의 깃발을 들어 올리셨다. 주께서는 아주 오래전에 주의 거룩한 예언자들을 통해, 우리를 위해 이 일을 하겠다고 약속하셨다. 이는 우리를 원수들에게서 보호하고 우리를 미워하는 이들에게서 보호하기 위해서다. 주께서는 우리 조상에게 베푸셨던 자비를 계속 베푸신다. 또 그들과 맺은 거룩한 계약과, 우리 조상 아브라함에게 하신 맹세를 기억하신다. 이는 우리에게 이런 선물을 주시기 위해서다. 그것은 곧 우리가 우리 원수늘의 손에서 구원을 받고, 주님 앞에서 두려워하지 않고, 평생 거룩하고 의롭게 주님을 섬기는 것이다."

"그리고 아가야, 너는 지극히 높은 이의 예언자라 불릴 것이다. 네가 주님보다 먼저 가서 주님이 오는 길을 예비할 것이기 때문이다. 너는 죄를 용서받고 구원 얻는 길을 주님의 백성에게 알려줄 것이다. 우리 하나님의 마음에는 우리를 향한 자비가 풍성하므로, 하늘의 여명이 우리를 찾아와, 어둠 가운데, 죽음의 그늘 아래 있는 자들에게 빛을 비추어주고, 우리의 발을 평화의 길로 인도할 것이다."

아기는 자라면서 심령이 강건해졌다. 그는 이스라엘 앞에 나타날 때까지 외딴 곳에서 살았다.

그때 아우구스투스 황제가, 주민이 있는 모든 지역은 등록을 하라는 포고를 내렸다. 이는 구레뇨가 시리아 총독일 때 책임을 맡은 첫 번째 인구조사였다. 모든 사람이 등록하러 자기가 태어난 마을로 갔다. 요셉은 다윗의 직계 자손이므로, 갈릴리의 나사렛이라는 마을에서 다윗의 마을인 유대 베들레헴으로, 장차 아내가 될 임신한 마리아와 함께 등록하기 위해 올라갔다. 마침 그들이 베들레헴에 있을 때 마리아의 출산일이 되었다. 마리아는

첫 아이, 아들을 낳았다. 그런데 여관 안에 자리가 없어서, 아이를 포대기로 싸서 여물통에 눕혔다.

그 지역, 같은 동네에 사는 목자들 몇 명이 넓은 벌판에서 밤새도록 그들의 양떼를 지키고 있었다. 그때 갑자기 주의 천사가 그들 앞에 나타나고 주의 영광이 그들 주위를 환히 비추어, 그들은 심히 두려웠다. 그러나 천사가 그들에게 말했다. "두려워하지 말고 잘 들어라! 내가 모든 사람에게 큰 기쁨이 될 영광스러운 소식을 너희에게 전한다. 바로 오늘, 다윗의 마을에 너희를 위해 구세주가 태어나셨다. 그는 그리스도요 주님이시다. 그 증거로, 너희는 포대기에 싸여 여물통에 누워 있는 아기를 만날 것이다."

그리고 눈 깜짝할 사이에 그 천사와 함께 어마어마한 하늘의 군대가 나타나 하나님을 찬양하며 말했다. "지극히 높은 하늘에서는 하나님께 영광을! 땅에서는 선한 뜻을 가진 이들에게 평화를!"

천사들이 그들을 떠나 하늘로 돌아가자, 목자들이 서로 말했다. "이제 곧장 베들레헴으로 가서 주께서 우리

목자들이 환상을 보다

에게 알려주신 이 일을 보자."

그들은 가능한 한 빨리 가서, 마리아와 요셉과 여물통에 누워 있는 아기를 찾아냈다. 그 모습을 보고 나서는, 그 아기에 대해 그들이 들은 말을 모든 사람에게 전했다. 모두 목자들의 말을 듣고 깜짝 놀랐다. 그러나 마리아는 이 모든 일을 아주 귀하게 여기고 그것을 깊이 생각했다. 목자들은 그들이 듣고 본 모든 일이 그들이 들어왔던 대로 일어난 것을 보고, 하나님께 영광과 찬양을 드리며 일하러 돌아갔다.

팔 일이 지나 아이에게 할례를 행할 때가 오자, 그들은 그에게 예수라는 이름을 지어주었다. 그 이름은 잉태 전에 천사가 알려준 이름이었다.

모세 율법이 규정한 '정결' 기한이 다 차자, 그들은 예수를 주께 드리기 위해 예루살렘에 데려왔다. 이는 주의 율법이 명한 대로 이행하려는 것이었다.

태를 연 남자는 모두 주께 바쳐야 한다.

그들은 또 율법에 규정된 대로 희생 제물도 드렸다.

산비둘기 한 쌍이나 어린 집비둘기 두 마리.

이때 예루살렘에는 시므온이라는 사람이 있었다. 시므온은 강직하고 하나님을 섬기는 데 헌신한 사람으로, 이스라엘의 회복을 기다리며 살고 있었다. 성령께 그 마음을 열어놓았던 그는, 주의 그리스도를 보기 전에는 죽지 않는다는 계시를 받았다. 성령의 인도를 받아 그가 성전 안으로 들어갔을 때, 마침 예수의 부모가 율법이 명한 대로 아이에게 행하기 위해 아이를 데리고 들어왔다. 이에 그가 아기를 두 팔로 받아 하나님을 찬양하며 말했다. "주님, 이제 주께서 약속하신 대로 주의 종을 평안히 떠나게 하시는군요! 내 눈으로 주의 구원을 보았으니 말입니다. 이는 주께서 모든 백성이 보도록 준비하신 것으로, 이방인들에게는 진리를 보여주는 빛이요, 주의 백성 이스라엘에게는 영광이 되는 빛입니다."

아이의 아버지와 어머니는, 아이에 대해 하는 말이 여전히 놀라웠다. 그때 시므온이 그들을 축복하며, 아이의 어머니 마리아에게 말했다. "이 아이는 이스라엘에서 많은 이들을 넘어뜨리기도 하고 일어나게도 할 사람이며, 많은 이들이 공격할 규범을 세울 사람입니다. 사람들이 그를 공격하는 것은, 그가 많은 이들의 은밀한 생각을 드러낼 것이기 때문입니다. 그러면 그대는… 그대의 영혼은 칼에 찔릴 것입니다."

그곳에는 아셀 지파 비누엘의 딸인 안나 선지자도 있었다. 안나는 나이가 아주 많은 여인으로, 칠 년간의 결혼 생활 이후 과부가 되었고, 당시 여든네 살이었다. 안나는 일생을 성전에서 보내며 밤낮으로 금식하고 기도하면서 하나님께 예배를 드렸다. 바로 이때 안나가 나아가 하나님을 찬양하고, 구속을 기다리던 예루살렘의 모든 이들에게 예수에 대해 이야기했다.

그들은 주의 율법이 명한 대로 다 이행한 후에, 갈릴리 나사렛으로 돌아갔다. 아이는 자라면서 튼튼해지고 지혜도 많아졌다. 또 하나님의 은총이 그 위에 머물러 있었다.

매년 유월절이 되면, 예수의 부모는 예루살렘에 갔다. 예수가 열두 살이 되었을 때, 그들은 늘 하던 대로 명절을 지키러 예루살렘으로 올라갔다. 명절 기간이 끝나자, 그들은 집으로 돌아가기 위해 길을 나섰다. 하지만 소년 예수는 예루살렘에서 출발하지 않았고, 부모는 그것을 몰랐다. 그들은 예수가 일행 가운데 있으리라 생각하고 하룻길을 가고 나서야, 친척들과 아는 사람들 사이에서 예수를 찾기 시작했다. 그러나 찾지 못하자, 예루살렘으로 되돌아가며 그를 찾아다녔다. 그들은 사흘 후에야 예수를 찾았다. 예수는 성전에서 선생들 사이에 앉아 그들의 말을 듣고 또 그들에게 질문하고 있었다. 예수의 말을 들은 사람은 모두 그의 이해력과 그가 하는 대답에 깜짝 놀랐다. 요셉과 마리아는 예수를 보고 그들의 눈을 믿을 수 없었다. 그의 어머니가 그에게 말했다. "아들아, 어째서 우리에게 이렇게 했느냐? 네 아빠와 내가 걱정하며 온 사방으로 너를 찾아다녔다!"

그러자 예수가 대답했다. "그런데 왜 저를 찾아다니셨어요? 제가 당연히 아버지 집에 있는 줄 모르셨어요?"

그러나 그들은 그의 대답을 이해하지 못했다. 그러고 나서 예수는 그들과 함께 나사렛 집으로 돌아가 그들에게 순종하며 지냈다. 그의 어머니는 이 모든 것을 마음에 소중히 간직했다. 예수는 몸과 마음이 계속 성장했고, 하나님의 사랑과 그를 아는 이들의 사랑을 받으며 자라갔다.

디베료 황제가 다스린 지 십오 년째 되는 해(본디오 빌

라도가 유대 총독으로, 헤롯이 갈릴리 지방의 영주로, 헤롯의 동생 빌립이 이두래와 드라고닛 지방의 영주로, 루사니아가 아빌레네 지방의 영주로, 안나와 가야바가 대제사장으로 있던 해)에, 사가랴의 아들 요한이 광야에 있었을 때, 하나님의 말씀이 그에게 임했다. 요한은 요단강 주변 지역 곳곳에 들어가, 마음을 철저히 돌이키고 죄를 용서받은 표지인 세례를 받으라고 선포했다. 예언자 이사야의 책에 쓰인 대로였다.

    광야에서 외치는 자의 소리다.
    너는 주의 길을 준비해라.
    주의 길을 곧게 펴라.
    골짜기들이 다 메워지고,
    산과 언덕이 다 낮아지고,
    구부러진 것이 곧게 되고,
    울퉁불퉁한 길이 매끈해질 것이다.
    모든 육체가 하나님의 구원을 볼 것이다.

그래서 요한은 자신에게 세례를 받으러 나아오는 무

리에게 이렇게 말하곤 했다. "뱀 새끼들아, 누가 너희에게 다가올 진노를 피하라고 경고하더냐? 너희들이 정말 마음을 돌이켰다면 삶으로 증명해라! 마음속으로 '우리는 아브라함의 자손이야'라고 생각하지 마라. 너희에게 말한다. 하나님은 이 돌들로도 아브라함의 자손을 만드실 수 있다! 도끼가 이미 나무뿌리에 닿아 있고, 좋은 열매를 맺지 못한 나무는 잘려 불에 던져질 것이다."

그러자 무리가 그에게 물었다. "그러면 우리가 어떻게 할까요?"

그의 대답은 이러했다. "속옷이 두 벌인 사람은 하나도 없는 사람과 나누고, 음식이 있는 사람도 그렇게 해라."

세금 징수원 몇몇도 세례를 받으러 와서 물었다. "선생님, 우리는 무엇을 해야 합니까?"

"너희에게 주어진 권한 이상으로 청구하지 마라."

군인들도 그에게 물었다. "그러면 우리는 무엇을 해야 합니까?"

"사람들을 괴롭히지 말고, 거짓 고소를 하지 말고, 너희가 받는 보수에 만족해라."

사람들은 기대감이 아주 높은 상태였으므로, 모두 속으로 요한이 그리스도가 아닐까 생각했다. 그러나 요한은 다음과 같은 말로 그들에게 답변했다. "나는 너희에게 물로 세례를 주지만, 내 뒤에 오시는 이는 나보다 강하다. 사실 나는 그분의 신발 끈을 풀 만한 존재도 못 된다. 그는 성령의 불로 너희에게 세례를 주실 것이다. 그는 오셔서 밀과 겨를 분리하시고, 탈곡장을 아주 말끔히 치우실 작정이다. 밀은 곳간 안에 모으고 겨는 절대 꺼지지 않는 불로 태우실 것이다."

요한은 이 외에도 더 많은 말들로 사람들을 권면하고 기쁜 소식을 선포했다. 그러나 갈릴리 지방의 영주인 헤롯은 동생의 아내 헤로디아와의 불륜뿐 아니라 그가 행한 다른 악한 일들로 인해 요한의 책망을 받았는데, 요한을 옥에 가둠으로써 악행의 마지막을 장식했다.

모든 백성이 세례를 받고 나서 예수도 세례를 받은 후 기도할 때, 하늘이 열리고 성령이 비둘기 같은 형체로 내려오셨다. 그때 하늘에서 이렇게 말하는 소리가 났다. "너는 내가 끔찍이 사랑하는 아들이다. 네가 정말 마음에 든다."

예수는 활동을 시작한 이때 서른 살쯤이었다.

―⁂―

사람들이 추정하는 바에 따르면, 예수는 요셉의 아들이고, 요셉은 엘리의 아들이며, 엘리는 맛단의 아들, 맛닷은 레위의 아들, 레위는 멜기의 아들, 멜기는 얀나의 아들, 얀나는 요셉의 아들, 요셉은 맛다디아의 아들, 맛다디아는 아모스의 아들, 아모스는 나훔의 아들, 나훔은 에슬리의 아들, 에슬리는 낙개의 아들, 낙개는 마앗의 아들, 마앗은 맛다디아의 아들, 맛다디아는 서머인의 아들, 서머인은 요섹의 아들, 요섹은 요다의 아들, 요다는 요아난의 아들, 요아난은 레사의 아들, 레사는 스룹바벨의 아들, 스룹바벨은 스알디엘의 아들, 스알디엘은 네리의 아들, 네리는 멜기의 아들, 멜기는 앗디의 아들, 앗디는 고삼의 아들, 고삼은 엘마담의 아들, 엘마담은 에르의 아들, 에르는 예수의 아들, 예수는 엘리에서의 아들, 엘리에서는 요림의 아들, 요림은 맛닷의 아들, 맛닷은 레위의 아들, 레위는 시므온의 아들, 시므온은 유다의 아들, 유다는 요셉의 아들, 요셉은 요남의 아들, 요남은 엘리아김의 아들, 엘리아김은 멜레아의 아들, 멜레아는 멘나의 아들, 멘나는 맛다다의 아들, 맛다다는 나단의 아들, 나단은 다윗의 아들, 다윗은 이새의 아들, 이새는 오벳의 아들, 오벳은 보아스의 아들, 보아스는 살몬의 아들, 살몬은 나손의 아들, 나손은 아미나답의 아들, 아미나답은 아니의 아들, 아니는 헤스론의 아들, 헤스론은 베레스의 아들, 베레스는 유다의 아들, 유다는 야곱의 아들, 야곱은 이삭의 아들, 이삭은 아브라함의 아들, 아브라함은 데라의 아들, 데라는 나홀의 아들, 나홀은 스룩의 아들, 스룩은 르우의 아들, 르우는 벨렉의 아들, 벨렉은 에벨의 아들, 에벨은 셀라의 아들, 셀라는 가이난의 아들, 가이난은 아박삿의 아들, 아박삿은 셈의 아들, 셈은 노아의 아들, 노아는 라멕의 아들, 라멕은 므두셀라의 아들, 므두셀라는 에녹의 아들, 에녹은 야렛의 아들, 야렛은 마할랄렐의 아들, 마할랄렐은 가이난의 아들, 가이난은 에노스의 아들, 에노스는 셋의 아들, 셋은 아담의 아들, 아담은 하나님의 아들이다.

예수가 성령이 충만하여 요단강에서 돌아와, 성령에게 이끌리어 광야에서 사십 일을 보내며 마귀에게 시험을 받았다. 예수는 그 시간 동안 아무것도 먹지 않았으므로 배가 아주 고팠다.

마귀가 예수에게 말했다. "네가 하나님의 아들이면, 이 돌에게 빵이 되라고 말해봐."

예수가 대답했다. "성경은 '사람은 빵만으로는 살지 못한다'고 말한다."

그러자 마귀는 예수를 높은 곳으로 데리고 올라가서, 그에게 갑작스런 환상으로 인간 세상의 모든 나라를 보여주며 말했다. "이 모든 권세와 영화로움을 네게 줄게. 다 내 것이고 내가 주고 싶은 사람 누구한테나 줄 수 있지. 엎드려 나를 경배하면 다 네 것이 되는 거야."

이에 예수가 이렇게 대답했다. "성경에 '너는 주 너의 하나님을 경배하고 오직 그분만 섬겨라'라고 기록되어 있다."

그러자 마귀는 예수를 예루살렘으로 데리고 가서 성

예수가 시험을 맞닥뜨리다

전 가장 높은 곳에 두었다. 마귀는 "네가 하나님의 아들이면, 여기서 뛰어내려봐. 성경에도 '그가 너를 위해 천사들에게 지시하여 천사들이 손으로 너를 받아 너의 발이 돌에 부딪히지 않게 하실 것이다'라고 나와 있잖아."

이에 예수는 이렇게 대답했다. "성경은 '주 너의 하나님을 시험하지 마라'고도 말한다."

예수가 온갖 시험으로 기진맥진했을 때 비로소 마귀는 다음 기회를 노리며 물러났다.

2부

그 후 예수는 성령의 능력을 입고 갈릴리로 돌아왔고, 예수에 대한 소식은 주변 온 지역에 퍼져나갔다. 예수가 그들의 회당에서 가르치자, 모든 사람이 극찬했다.

    그러고 나서 예수는 자신이 자라난 나사렛에 가서, 늘 하던 대로 안식일에 회당에 갔다. 예수는 성경을 읽으려고 일어나, 예언자 이사야의 책을 건네받았다. 그래서 책을 펴서 다음 말씀이 기록된 데를 찾았다.

> 주의 성령이 내게 임하셨다.
> 내게 기름을 부어 가난한 이들에게 좋은 소식을
> 전하게 하시려는 것이다.
> 주께서는 나를 보내어 사로잡힌 자들에게
> 해방을 선포하고,

눈먼 자들을 다시 보게 하며,

마음이 상한 이들을 자유롭게 하고,

주께서 만족하시는 해를 선포하게 하셨다.

그러고 나서는 책을 덮어 담당자에게 돌려주고 자리에 앉았다. 회당의 모든 시선이 예수에게 고정되었고, 예수가 그들에게 말하기 시작했다. "바로 오늘 여러분이 이 성경 말씀을 듣고 있는 동안, 그 말씀이 이루어졌습니다!"

모든 사람이 예수가 하는 말을 들었다. 그들은 그의 입에서 나오는 멋진 말에 깜짝 놀라 계속 이렇게 말했다. "이 사람은 요셉의 아들이 아닌가?"

그래서 예수가 그들에게 말했다. "여러분은 내게 '의사여, 네 병이나 고쳐라!'라는 잠언을 인용하여, 내가 가버나움에서 행했다는 것을 여기 내 고향에서도 전부 해 보라고 할 것 같습니다." 그러고 나서 이렇게 덧붙였다. "여러분에게 분명히 말합니다. 예언자는 고향에서는 절대 환영을 받지 못합니다. 여러분에게 말합니다. 엘리야의 시대에 삼 년 반 동안 하늘이 닫혀 온 나라에 큰 기근

이 들었을 때 이스라엘에 과부가 많았습니다. 그러나 엘리야는 그들 중 누구에게도 보냄을 받지 않았습니다. 그는 시돈 지역 사렙다에 사는 과부에게 보냄을 받았습니다. 예언자 엘리사의 시대에도 이스라엘에 나병 환자들이 많았지만, 그들 중 누구도 고침을 받지 못하고, 오직 시리아인 나아만만 고침을 받았습니다."

그러나 회당에 있는 모든 사람이 이 말을 듣고 심하게 화를 냈다. 그들은 벌떡 일어나서 예수를 그 마을 밖으로 몰아내어, 마을에 있는 언덕 꼭대기까지 데리고 가서 아래로 던지려 했다. 그러나 예수는 무리 사이로 나와서 자기 길을 갔다.

그러고 나서 예수가 갈릴리에 있는 가버나움으로 내려가 안식일에 그들을 가르쳤다. 그들은 그의 가르침에 깜짝 놀랐다. 그의 말씀에는 권위가 있었기 때문이다.

그때 회당에 귀신 들린 사람이 있었는데, 그가 있는 힘껏 소리쳤다. "나사렛 사람 예수여, 우리를 어떻게 하려는 겁니까? 우리를 죽이러 왔습니까? 나는 당신이 누구인지 잘 압니다. 당신은 하나님의 거룩한 자입니다!"

예수는 그의 말을 막고 날카롭게 말했다. "조용히 하고 그 사람에게서 나가라!"

그러자 귀신이 그들 앞에서 그 사람을 넘어뜨린 후에, 그에게 조금의 상처도 입히지 않고 떠나갔다. 거기 있던 사람들이 다 깜짝 놀라서 서로에게 계속 말했다. "도대체 이 말에 뭐가 있는 거지? 권위와 능력으로 이 귀신들에게 말하니까 귀신들이 떠나갔어."

그래서 예수의 명성이 인근 지역 전체에 널리 퍼졌다.

예수는 일어나 회당을 떠나, 시몬의 집으로 들어갔다. 마침 시몬의 장모가 고열에 시달리고 있던 터라, 그들은 예수에게 그 장모를 도와달라고 청했다. 예수가 침상에 누워 있는 그 장모 곁에 서서 열병을 제압하자 열병이 떠나갔다. 시몬의 장모는 바로 일어나 그들을 보살피기 시작했다.

그러고 나서 해가 지고 있을 때, 사람들이 각종 병을 앓고 있는 친구들을 모두 예수에게 데려오자, 예수가 그들 하나하나에게 따로 손을 얹어 고쳐주었다. 많은 이들에게서 귀신들이 나가며 "당신은 하나님의 아들입니다!" 하고 소리쳤다.

그러나 예수는 그들에게 날카롭게 말하며 더 이상 말하는 것을 허락하지 않았다. 그가 그리스도인 줄을 그들이 정확하게 알고 있었기 때문이다.

동틀 무렵 예수가 외딴 곳으로 갔지만 무리가 그를 찾으려 했고, 예수를 찾아내자 자기들에게서 떠나지 못하게 하려 했다. 그러나 예수가 그들에게 말했다. "나는 다른 마을에도 하나님 나라의 기쁜 소식을 전해야 합니다. 그것이 내 사명입니다."

그러고는 유대 회당에서 말씀을 계속 선포했다.

어느 날 예수가 게네사렛 호숫가에 서 있을 때 사람들이 하나님의 말씀을 들으려고 예수 가까이 모여들었다. 예수는 그물을 씻는 어부들이 호숫가에 대놓은 배 두 척을 보았다. 그중 한 척은 시몬의 배였다. 예수가 시몬의 배에 올라타서 그에게 배를 호숫가에서 조금 밀어내달라고 청했다. 그런 다음 배에 앉아서 무리를 계속

가르쳤다.

예수는 말을 마치고 시몬에게 "이제 깊은 바다로 나가서 그물을 내려 물고기를 잡게"라고 말했다.

시몬이 대답했다. "선생님! 우리가 밤새도록 일했지만 한 마리도 잡지 못했습니다. 그러나 선생님께서 그렇게 말씀하시니 제가 그물을 내리겠습니다."

그러고는 그들이 그렇게 하자 어마어마한 물고기 떼가 잡혔다. 물고기가 너무 많아서 그물이 찢어지기 시작했다. 그래서 그들은 다른 배에 있는 동료들에게 와서 도와달라고 손짓을 했다. 그들이 와서 배 두 척이 가라앉을 정도로 물고기를 가득 채웠다. 시몬 베드로가 이를 보고 예수의 무릎 앞에 엎드려 말했다. "주님, 제게서 떠나주십시오. 저는 죄인에 불과합니다!"

그와 그의 동료들(세베대의 아들 야고보와 요한)은 그들이 잡은 엄청난 물고기를 보고 깜짝 놀랐기 때문이다.

예수가 시몬에게 말했다. "시몬, 두려워 말게. 이제부터 그대는 사람을 낚을 것이네."

그래서 그들은 배들을 호숫가로 끌어온 다음, 모든 것을 내버려두고 예수를 따라갔다.

예수가 어느 마을에 있을 때 아주 심한 나병 환자가 찾아왔다. 그는 예수를 보자 그 앞에 엎드려 간청했다. "원하시면 주님께서는 저를 깨끗하게 해주실 수 있습니다."

예수는 손을 뻗어 나병 환자에게 대며 말했다. "당연히 원합니다. 이제 깨끗합니다!"

그러자 즉시 나병이 떠나갔다. 예수는 누구에게도 말하지 말고, 가서 제사장에게 몸을 보이고, 이제 회복되었으니 당국자들에게 보일 증거로, 모세가 정한 예물을 드리라고 권했다.

그러나 예수에 대한 소식은 오히려 더 널리 퍼졌고, 엄청난 무리가 예수의 말도 듣고 질병도 고치려고 모여들었다. 그러나 예수는 기도하기 위해 외딴 곳으로 조용히 빠져나갔다.

어느 날 예수가 가르치고 있을 때, 바리새인과 율법 전문가 몇몇이 예수 가까이에 앉아 있었다. 그들은 예루살렘뿐 아니라 갈릴리와 유대의 모든 마을에서 온 이들이었다. 예수에게는, 사람들의 병을 고치는 주의 능력이 있었다. 잠시 후 몇몇 사람이 작은 침상에 누운 중풍병자를 데려와서, 그를 들여와 예수 앞에 내려놓으려고 계속 애를 썼다. 그러나 빽빽한 군중 때문에 중풍병자를 들여놓을 방법을 찾지 못하자, 지붕으로 올라가서 기와를 벗기고, 무리 가운데 있는 예수 앞으로 그를 침상째 내렸다. 예수가 그들의 믿음을 보고 그 사람에게 말했다. "친구여, 그대는 죄를 용서받았네."

율법학자들과 바리새인들은 이 말에 반박하며 말했다. "신성 모독하는 이 사람은 누구지? 누가 죄를 용서할

예수가 중풍병자의 영혼과 몸을 고치다

수 있단 말인가? 하나님만이 죄를 용서하실 수 있다."

예수는 그들이 무슨 생각을 하는지 알고는 그들에게 곧바로 말했다. "너희는 어찌 마음속으로 그런 반박을 하느냐? '그대는 죄를 용서받았네'라는 말과 '일어나 걸어가게'라는 말 중에 어느 쪽이 더 쉬우냐? 그러나 인자가 땅에서 죄를 용서하는 전권이 있음을 깨닫게 하려는 것이다." 그러고는 중풍병에 걸린 사람에게 말했다. "그대에게 말한다. 일어나 침상을 들고 집으로 가게!"

그 즉시 그 사람은 그들이 보는 앞에서 벌떡 일어나서 자기가 누워 있던 침상을 들고 하나님을 찬양하며 집으로 갔다. 그곳에 있던 모든 사람이 심히 놀라 하나님을 찬양하며 경외감에 사로잡힌 목소리로 말했다. "우리는 오늘 믿을 수 없는 일을 보았다."

그 후에 예수가 나가서, 레위라는 세금 징수원이 자기 사무실에 앉아 있는 모습을 한참 쳐다보았다.

예수가 그에게 말했다. "나를 따라오게!"

그러자 그는 일어나서 모든 것을 내버려두고 예수를 따라갔다.

그러고 나서 레위가 자기 집에서 예수를 위해 큰 환영 연회를 열었는데, 거기에는 세금 징수원들을 비롯해 아주 많은 사람들이 함께 식탁에 앉아 있었다. 바리새인들과 그들의 동료인 율법학자들은 예수의 제자들에게 분개하여, 계속 투덜거리며 말했다. "왜 당신들은 세금 징수원들과 죄인들하고 식사를 하나요?"

예수가 그들에게 대답했다. "건강한 이들에게는 의사가 필요 없다. 의사는 아픈 이들에게 필요하다. 나는 '의인'을 초청하러 온 것이 아니라 '죄인'을 초청해 그들의 삶의 방식을 변화시키려고 왔다."

그때 사람들이 예수에게 말했다. "요한의 제자들은 바리새인들의 제자처럼 항상 금식하고 기도하는데, 선생님의 제자들은 어째서 먹고 마십니까?"

예수가 대답했다. "신랑과 함께 있는데 결혼식 하객들이 금식을 할 것 같습니까? 그러나 신랑을 잃을 날이 올 것입니다. 그때가 금식할 때입니다!"

그러고 나서 예수는 그들에게 이런 실례를 들었다. "새 외투에서 한 조각을 잘라내어 낡은 옷에 꿰매는 사람은 없습니다. 그렇게 하면 새 옷도 망가지고, 그 새 옷 조각이 낡은 옷에 맞지도 않습니다.

새 포도주를 낡은 가죽 부대에 넣는 사람도 없습니다. 그렇게 하면 새 포도주가 가죽 부대를 터뜨려서 포도주가 쏟아지고 가죽 부대도 못 쓰게 됩니다. 새 포도주는 새 가죽 부대에 넣어야 합니다. 묵은 포도주를 마시던 사람이 갑자기 새 포도주를 원하지 않는 것은 당연합니다. 그는 분명 '묵은 포도주가 좋은 포도주다'라고 말할 것입니다."

어느 안식일에 예수가 밀밭을 지나가고 있을 때, 제자들이 이삭을 잘라서 손으로 비벼 먹기 시작했다. 바리새인들 몇이 말했다. "어째서 당신들은 율법이 안식일에 금지한 행동을 합니까?"

예수가 그들에게 대답했다. "너희는 다윗과 그의 사람들이 배가 고팠을 때 한 일을 읽지 못했느냐? 그는 하나님의 집에 들어가서 제단의 빵을 집어 자신도 조금 먹고 함께 있는 사람들에게도 주었다. 율법이 제사장 외에는 누구도 그 빵을 먹지 말라고 금지했는데도 말이다."

그런 다음 이렇게 덧붙였다. "인자는 안식일의 주인이기도 하다."

또 다른 안식일에 예수가 가르치기 위해 회당에 들어갔을 때, 거기 오른손이 말라붙은 사람이 있었다. 율법학자들과 바리새인들은 예수가 안식일에 병을 고치는지 보려고, 예수를 면밀히 주시하고 있었다. 예수를 고발할 근거를 얻기 위해서였다. 그러나 예수는 그들의 생각을 알고 손이 말라붙은 사람에게 말했다. "일어나 앞으로 나오게."

그러자 그가 일어나서 그 자리에 섰다. 그때 예수가 그들에게 말했다. "당신들에게 질문 하나 하겠습니다. 율법은 안식일에 선을 행하라고 합니까, 아니면 해를 입히라고 합니까? 생명을 구하라고 합니까, 아니면 멸하라고 합니까?"

예수는 그들을 둘러보며 그들 모두와 눈을 마주쳤다. 그러고는 그 사람에게 말했다. "손을 내밀게."

그가 그렇게 하자 그 손이 다른 쪽 손처럼 건강하게 회복되었다. 그러나 그들은 미친 듯이 화가 나서, 예수를 어떻게 할 수 있을지 서로 계속 의논했다.

그 무렵 예수가 기도하러 산에 올라가 밤새 하나님께 기도했다. 동이 트자 예수가 제자들을 불러 그들 가운데 열둘을 택하여 사도라 칭했다. 그 열둘은,

(예수가 베드로라는 이름을 지어준) 시몬,

시몬의 형제 안드레,

야고보,

요한,

빌립,

바돌로매,

마태,

도마,

알패오의 아들 야고보,

애국자 시몬,

야고보의 아들 유다,

후에 예수를 배반한 가룟 유다였다.

그런 다음 예수가 그들과 함께 평지로 내려와 서자, 수많은 제자들과, 온 유대와 예루살렘과 두로와 시돈의 해안 지방에서 온 수많은 사람들이 예수를 둘러쌌다. 그들은 예수의 말도 듣고 병도 고치고자 모여든 것이었다. (또 귀신들에게 고통당하는 이들도 고침을 받았다.) 무리 전체가 예수에게 손을 대려고 했다. 예수에게서 능력이 나와 그들을 모두 고쳤기 때문이다.

그때 예수가 제자들을 응시하며 말했다.
"아무것도 소유하지 않은 여러분은 정말 행복합니다. 하나님 나라가 여러분의 것이니까요!
지금 굶주린 여러분은 정말 행복합니다. 배부르게 될 것이니까요!
지금 우는 여러분은 정말 행복합니다. 웃게 될 것이니까요!
여러분이 인자에게 충성한다는 이유로, 사람들이 여러분을 미워하고 그들 무리에서 쫓아낼 때, 여러분을 비방하고 여러분이 지지하는 모든 것을 거부할 때, 여러분은 정말 행복합니다. 그런 일이 일어날 때 즐거워하고 기뻐 뛰십시오. 하늘에서 여러분이 받을 상이 정말 멋질 것입니다. 그들의 조상들이 예언자들을 정확히 그렇게 대했기 때문입니다.

그러나 부자인 여러분은 정말 비참합니다. 여러분을 위로해주는 것을 다 가지고 있으니까요!

원하는 것을 다 가진 여러분은 정말 비참합니다. 굶주리게 될 것이니까요!

지금 웃는 여러분은 정말 비참합니다. 슬픔과 눈물을 알게 될 것이니까요!

모든 사람이 여러분을 칭찬할 때 여러분은 정말 비참합니다. 그들의 조상들이 거짓 예언자들을 정확히 그렇게 대했기 때문입니다.

그러나 내 말을 듣고 있는 여러분 모두에게 말합니다. 원수를 사랑하고, 여러분을 미워하는 이들에게 잘해주고, 여러분을 저주하는 이들을 축복하고, 악의를 가지고 여러분을 대하는 이들을 위해 기도하십시오.

누가 여러분의 뺨을 때리면 다른 쪽 뺨도 돌려대십시

오! 또 누가 겉옷을 빼앗아가면 속옷 가져가는 것도 막지 마십시오. 여러분에게 요구하는 사람 모두에게 주십시오. 또 누가 여러분의 것을 가져가면 돌려달라고 하지 마십시오.

다른 사람들에게 대접받고 싶은 꼭 그대로 그들을 대접하십시오. 여러분을 사랑하는 이들만 사랑한다면, 칭찬거리가 되겠습니까? 죄인들도 자기를 사랑하는 이들은 사랑합니다! 여러분에게 잘해주는 이들에게만 잘해준다면, 칭찬거리가 되겠습니까? 죄인들도 그만큼은 합니다. 또 여러분의 돈을 갚을 수 있는 사람들에게만 빌려준다면, 칭찬거리가 되겠습니까? 죄인들도 죄인들에게 빌려주고 되받기를 기대합니다. 오히려 여러분은 원수를 사랑하고, 그들에게 잘해주고, 돌려받기를 바라지 말고 빌려주어야 합니다. 그러면 여러분의 상이 아주 크고, 여러분은 지극히 높으신 분의 아들이 될 것입니다. 그분은 감사할 줄 모르는 이들과 악한 이들에게도 친절하시기 때문입니다!

여러분의 아버지가 자비로운 것처럼, 자비로운 사람이 되십시오. 다른 사람을 심판하지 마십시오. 그러면 여러분도 심판을 받지 않을 것입니다. 비난하지 마십시오. 그러면 여러분도 비난을 받지 않을 것입니다. 다른 사람들을 용서하십시오. 그러면 사람들도 여러분을 용서할 것입니다. 주십시오. 그러면 다른 사람들도 여러분에게 줄 것입니다. 그것도 많이, 꽉 눌러서, 잘 흔들어 채워서, 흘러넘치도록 부어줄 것입니다. 여러분이 다른 사람에게 사용하는 저울이 어떤 것이든, 그들도 여러분을 대할 때 그 저울을 사용할 것입니다."

그런 다음 예수가 그들에게 실례를 들었다. "눈먼 사람이 다른 눈먼 사람을 인도할 수 있겠습니까? 분명 둘 다 도랑에 빠질 것입니다. 제자는 그 선생을 넘어서지 못합니다. 그러나 훈련을 충분히 받으면 그 스승 같아질 것입니다.

여러분은 어째서 형제의 눈 속에 있는 톱밥 티는 보면서, 여러분 눈 속에 있는 나무판자는 알아채지 못합니까? 여러분 눈 속에 있는 나무판자는 보지 못하면서, 어떻게 형제에게 '네 눈에서 티를 빼줄게'라고 말할 수 있습니까? 위선자들 같으니! 먼저 여러분의 눈에서 나무판자를 빼내십시오. 그래야 또렷하게 보고 형제의 티를 제거할 수 있을 것입니다.

나쁜 나무가 좋은 열매를 맺는 것이 불가능하듯이, 좋은 나무가 나쁜 열매를 맺는 것도 불가능합니다. 사람들은 나무의 열매로 무슨 나무인지 알지 않습니까? 가시나무에서 무화과를 딸 수 없고, 블랙베리 덤불에서 포도송이를 모을 수는 없습니다! 선한 사람은 마음에 쌓아 둔 선에서 선한 것들을 내고, 악한 사람은 자신의 악의 창고에서 악한 것들을 냅니다. 사람의 말은 마음에 넘쳐 흐르는 것을 표현하기 때문입니다.

내가 여러분에게 하라고 하는 것은 하지 않으면서 나더러 '주님, 주님'이라고 부르는 의도는 무엇입니까? 내가 하는 말을 듣고 실천하는 사람이 실제로 어떤 사람인지, 여러분께 알려드리겠습니다. 그는 밑바닥까지 땅을 파서 집의 기초를 놓고 집을 짓는 사람과 같습니다. 홍수가 나서 물이 급습해도, 그 집은 제대로 지었기 때문에 흔들리지 않습니다.

그러나 내 말을 듣고 들은 대로 행하지 않는 사람은, 집을 기초 없이 무른 땅에 짓는 사람과 같습니다. 홍수가 나서 물이 급습하면, 그 집은 붕괴되어 집 전체가 폐허가 됩니다."

예수는 사람들에게 이 말을 다 하고 나서, 가버나움으로 갔다. 그때 그곳에 중병에 걸려 거의 죽어가는 사람이 있었다. 그는 한 백부장의 종으로, 백부장은 그를 아주 귀하게 여겼다. 백부장은 예수에 대해 듣고, 유대 장로들 몇을 예수에게 보내어, 오셔서 종을 살려달라고 청했다. 그러자 그들이 예수에게 가서, 그 백부장은 도와줄 만한 사람이라 말하며, 요청을 들어달라고 간청했다. 그들은 "그는 우리 민족을 사랑해서 자기 돈을 들여 우리에게 회당을 지어주었습니다"라고 말했다.

그래서 예수가 그들과 함께 갔다. 그런데 그 집에 가까이 갔을 때 백부장이 친구 몇을 통해 전갈을 보냈다. "선생님, 일부러 수고하실 것 없습니다! 저는 주님이 제 집에 오실 만큼 중요한 사람이 아닙니다. 또 선생님을 직접 뵙기에도 적합하지 않은 사람입니다. 명령만 내려주십시오. 그러면 제 종은 나을 겁니다. 저도 명령을 받고 일하고, 제 밑에도 병사들이 있습니다. 제가 병사에게 '저리 가' 하면 가고 '이리 와' 하면 옵니다. 종에게 '이렇게 해' 하고 시키면 그 일을 합니다."

예수가 이 말을 듣고는 깜짝 놀라서, 자신을 따르던 무리에게 몸을 돌려 말했다. "나는 어디에서도, 심지어 이스라엘에서도 이런 믿음을 만나지 못했습니다!"

백부장이 보낸 이들이 집으로 돌아가서 보니, 종이 씻은 듯이 나아 있었다.

얼마 후에 예수가 나인이라는 성으로 들어갔는데, 제자들과 큰 무리도 함께 갔다. 예수가 성문 가까이 갔을 때, 어떤 사람들이 죽은 사람 하나를 들고 나오고 있었다. 어떤 과부의 외아들이었다. 동네 사람들이 무리 지어 그 여인과 함께했다. 주가 그 여인을 보자 마음이 쓰여 말을 건넸다. "울지 마세요."

그리고는 다가가서, 상여를 멘 이들이 가만히 서 있는 동안 상여에 손을 대고 말했다. "청년아, 일어나라!"

그러자 죽은 사람이 일어나 앉아 말을 하기 시작했

예수가 죽은 청년을 되살리다

다. 예수가 그를 과부에게 돌려주셨다. 거기 있던 사람들이 모두 경외감에 사로잡혀 하나님을 찬양하며 말했다. "우리 가운데서 위대한 예언자가 나왔고, 하나님이 자기 백성을 향해 얼굴을 돌리셨다."

예수에 대한 이 소식은 유대 전체와 인근 지역에 두루 퍼졌다.

요한의 제자들이 요한에게 이 모든 일을 알렸다. 그

러자 요한이 제자 둘을 불러 그들을 주에게 보내 이렇게 물었다. "오신다는 그분이 선생님입니까, 아니면 우리가 다른 이를 기다려야 합니까?"

그 사람들이 예수한테 와서 말했다. "세례자 요한이 우리를 선생님께 보내어 '선생님이 오실 그분입니까, 아니면 우리가 다른 이를 기다려야 합니까?' 하고 물어보라고 하셨습니다."

바로 그때 예수가 여러 질환과 질병과 귀신에 시달리는 수많은 이들을 치유하고, 많은 눈먼 이들을 다시 보게 해주었다. 그래서 예수는 그들에게 이렇게 대답했다. "가서 너희가 보고 들은 것을 요한에게 말해라. 눈먼 자가 다시 보고, 저는 자가 다시 걸으며, 나병 환자가 고침을 받고, 듣지 못하는 자가 들으며, 죽은 자가 다시 살아나고, 어려움에 처한 이들에게 기쁜 소식이 전해지고 있다. 나를 믿는 믿음을 잃어버리지 않는 사람은 행복하다."

요한의 제자들이 돌아가자 예수가 무리에게 요한에 대해 말하기 시작했다. "여러분은 무엇을 보러 광야로 나갔습니까? 미풍에 흔들리는 갈대입니까? 아니면 무엇을 보러 나갔습니까? 멋진 옷을 입은 사람입니까? 그러나 멋진 옷을 입은 사람은 왕궁에서 호화롭게 삽니다. 아니면 여러분은 정말 무엇을 보러 갔습니까? 예언자입니까? 그렇습니다. 여러분에게 말합니다. 예언자이자 예언자보다 훨씬 뛰어난 사람입니다! 이 사람이 성경이 말하는 그 사람입니다.

> 보아라. 내가 네 앞에 내 사자를 보낸다.
> 그는 네 앞에서 네 길을 준비해놓을 것이다.

장담하건대, 지금까지 태어난 이 중에서 세례자 요한보다 위대한 사람은 없습니다. 그러나 하나님 나라에서는 변변치 않은 사람이라도 요한보다 위대합니다.

모든 사람이, 심지어 세금 징수원까지도 요한의 말을 들었을 때, 하나님을 시인하고 요한의 세례를 받았습니다. 그러나 바리새인들과 율법 전문가들은 요한의 세례를 거부하여, 그들을 향한 하나님의 뜻을 좌절시켰습니다.

이 세대 사람들이 어떠하다고 말할 수 있을까요? 그

들은 어떤 사람들일까요? 그들은 마치 장터에 앉아 큰 소리로 서로 이렇게 말하는 아이들 같습니다. '우리가 결혼식 놀이를 해도 너네는 춤을 추지 않았고, 장례식 놀이를 해도 너네는 울지 않았어!' 세례 요한이 아주 엄격한 금욕의 삶을 살자, 사람들은 그가 미쳤다고 말했습니다. 그런데 인자가 와서 음식과 음료를 즐기자, 사람들은 '봐, 술고래에다 식충이야. 세금 징수원과 버림받은 자들과 절친한 사이야!'라고 말했습니다. 그러므로 지혜는 지혜를 받아들인 지혜의 자녀들에 의해 옳음이 입증됩니다!"

그러고 나서 어떤 바리새인이 예수에게 함께 식사를 하자고 청했다. 예수는 그 집에 들어가 식탁에 앉았다. 그때 마을에서 평판이 좋지 않은 여인이 예수가 그 집에 있는 줄 알고 향유가 든 옥합을 가져왔다. 여인은 예수 뒤로 와 서서 눈물을 흘려 예수의 발을 적신 다음, 머리카락으로 닦았다. 그러고 나서 발에 입을 맞추고 향유를 부었다. 예수를 초대한 바리새인이 이를 보고 혼잣말을 했다. "이 사람이 정말 예언자라면 이 여자가 누구인지, 어떤 사람이 자기에게 손을 대는지 알 텐데. 이 여자가 행실이 나쁜 여자라는 것을 알 텐데." 그때 예수가 그에게 말했다. "시몬, 그대에게 하고 싶은 말이 있습니다."

그는 "네, 선생님. 말씀하십시오" 하고 답했다.

"옛날에 같은 대금업자에게 빚을 진 사람이 둘 있었습니다. 한 사람은 삼천만 원을 빚지고 다른 사람은 삼백만 원을 빚졌습니다. 그런데 둘 다 빚을 갚을 수 없게 되자, 대금업자는 너그럽게 둘의 빚을 다 탕감해주었습니다. 그렇다면 둘 중 누가 대금업자를 더 사랑할 것 같습니까?"

시몬이 대답했다. "음, 더 관대한 대우를 받은 사람일 것 같습니다."

예수가 "맞습니다" 하고 대답하고는, 그 여자 쪽으로 몸을 돌리면서 시몬에게 말했다. "이 여인을 보고 있습니까? 내가 그대의 집에 들어왔지만 그대는 발 씻을 물도 주지 않았습니다. 그러나 이 여인은 자기 눈물로 내 발을 씻고 머리카락으로 닦아주었습니다. 그대는 내게 환영의 입맞춤을 하지 않았지만, 이 여인은 내가 들어

오는 그 순간부터 내 발에 입 맞추기를 그치지 않았습니다. 그대는 내 머리에 기름을 바르지 않았지만, 이 여인은 내 발에 향유를 부었습니다. 그래서 시몬, 그대에게 말합니다. 이 여인의 죄는 아주 많지만 용서받았습니다. 이 여인이 아주 많이 사랑하고 있기 때문입니다. 그러나 용서받을 일이 적은 사람은 줄 사랑도 적을 것입니다."

그리고 나서 예수가 그 여인에게 말했다. "그대는 죄를 용서받았네."

예수가 사랑이 없는 의로움과 사랑이 담긴 회개를 대조하다

그러자 예수와 함께 식탁에 앉아 있던 사람들이 혼잣말을 하기 시작했다. "이 사람은 누구지? 죄를 사하기까지 하는 이 사람이 누구지?"

그러나 예수는 그 여인에게 말했다. "그대의 믿음이 그대를 구원하였네. 평안히 가게나."

이 일이 있고 얼마 지나지 않아 예수는 모든 성읍과 마을을 두루 다니며 사람들에게 하나님 나라의 기쁜 소식을 선포하고 전했다. 열두 제자가 예수와 동행했고, 귀신과 질병에서 고침을 받은 여인들, 곧 '막달라 출신의 여인'(한때 일곱 귀신이 들렸던) 마리아와 헤롯의 관리 구사의 아내 요안나와 수산나, 그리고 자기들 재산으로 예수와 그의 일행을 돌보았던 많은 이들도 동행했다.

이 마을 저 마을에서 사람들이 예수에게 나아와 큰 무리가 모이자, 예수가 그들에게 말하며 이런 비유를 들었다. "씨 뿌리는 자가 씨를 뿌리러 나가서 뿌렸습니다. 어떤 씨들은 길가에 떨어졌는데, 밟히고 새들이 눈

깜짝할 사이에 다 먹어치웠습니다. 또 어떤 씨들은 바위에 떨어졌는데, 싹이 났지만 습기가 없어서 말라 버렸습니다. 또 어떤 씨들은 가시덤불 사이에 떨어졌는데, 가시가 씨들과 함께 자라 씨에서 나온 생명을 옥죄어버렸습니다. 또 어떤 씨들은 좋은 토양에 떨어져 자라나 소출을 냈는데, 그 소출이 뿌린 것의 백 배나 되었습니다."

예수가 이 말을 하고 나서 큰 소리로 이렇게 말했다. "귀가 있는 사람은 들으십시오!"

그러고 나자 제자들이 예수에게 비유의 뜻을 물었다. 예수는 이렇게 대답했다. "너희에게는 하나님 나라의 비밀을 아는 특권이 주어졌지만, 다른 이들에게는 비유로 주어진다. 그래서 그들은 눈을 뜨고 있지만 아무것도 보지 못하고, 귀를 열고 있지만 들은 것을 전혀 이해하지 못하며 인생을 살아간다.

그 비유는 이런 뜻이다. 씨는 하나님의 말씀이다. 길가에 떨어진 씨는, 말씀을 듣기는 했지만, 마귀가 그 마음에서 말씀을 빼앗아버려서 믿지도 못하고 구원도 얻지 못한 이들을 나타낸다. 바위에 떨어진 씨는, 말씀을 듣고 아주 기쁘게 받아들이지만 진짜 뿌리는 없는 사람을 나타낸다. 그들은 잠시 믿지만 시험이 닥치면 믿음을 잃어버린다. 가시나무 사이에 떨어진 씨는, 말씀을 듣고 잘 살아가지만, 염려와 재물과 삶의 쾌락이 씨에서 나온 생명을 옥죄어버려 결국 아무 소출도 내지 못하는 이들을 나타낸다. 그러나 좋은 토양에 떨어진 씨는, 말씀을 듣고 선하고 정직한 마음으로 말씀을 붙잡아 꾸준히 많은 소출을 내는 사람을 의미한다.

등잔에 불을 붙여 대야로 덮어두거나 침대 아래 두는 사람은 없다. 그 등불은 들어오는 사람이 빛을 볼 수 있도록, 등잔대 위에 둔다. 지금은 숨겨져 있지만 분명히 드러나지 않을 것이 없고, 지금은 비밀이지만 낮의 빛처럼 분명해지지 않을 것이 없다. 그러므로 주의해서 들어라. 이미 가진 사람에게는 더 주어지겠지만, 아무것도 갖지 못한 사람은 가지고 있다고 생각하는 것조차 잃어버릴 것이다."

그때 예수의 어머니와 형제들이 예수를 보러 왔지만, 무리 때문에 예수에게 가까이 갈 수 없었다. 그래서 예수에게 말을 전했다. "선생님의 어머니와 형제들이 선생님을 보려고 밖에 서 있습니다."

예수는 이렇게 대답했다. "내 어머니와 형제들이요? 하나님의 말씀을 듣고 순종하는 이들이 내 어머니요 형제들입니다."

그 무렵 어느 날 예수가 제자들과 함께 배에 올라 그들에게 말했다. "호수 맞은편으로 건너가자."

바람과 바다를 다스리는 예수

그래서 그들은 출항을 했다. 그들이 가고 있을 때 예수는 잠이 들었다. 그때 돌풍이 호수를 덮쳐서 배가 침몰할 정도로 아주 위험해졌다. 그들은 앞으로 나아와 예수를 깨우며 말했다. "선생님, 선생님, 우리가 물에 빠져 죽게 생겼어요!"

그때 예수가 일어나 바람과 사나운 파도를 꾸짖자, 바람과 파도가 잦아들고 다 잠잠해졌다. 그러자 예수가 그들에게 말했다. "너희 믿음은 어떻게 된 거야?"

그러나 그들은 너무 두렵고 당황하여 서로 계속 이렇게 말했다. "누가 이렇게 할 수 있지? 바람과 파도에게 명령을 내리고, 바람과 파도조차 그에게 복종하다니."

그들은 갈릴리 호수 맞은편 거라사 지방으로 항해를 했다. 예수가 배에서 내렸을 때 그 마을 출신의 귀신 들린 사람이 예수와 마주쳤다. 그는 오랫동안 옷을 입지 않고 지냈고, 집이 아닌 무덤 사이에서 살았다. 그는 예수를 보자 울부짖으며 그 앞에 엎드려 소리쳤다. "지극히 높은 하나님의 아들 예수여, 나를 어떻게 하시려고요? 제발 나를 괴롭히지 마세요."

이는 예수가 귀신에게 그 사람에게서 나오라고 명령했기 때문이다. 귀신이 여러 번 그 사람을 사로잡았으므로, 쇠사슬로 묶고 족쇄를 채워 옆에서 지켜도 그는 결박을 풀고 광야로 질주하곤 했다. 그때 예수가 그에게 물었다. "이름이 뭐야?"

그는 "군대입니다!"라고 대답했다. 많은 귀신이 그 속으로 들어갔기 때문이다. 그런데 귀신들은 지옥으로 가라는 명령은 내리지 말아달라고 예수에게 빌었다. 그들은 마침 그 산에서 먹이를 먹고 있던 큰 돼지 떼한테로 들어가게 해달라고 간청했고, 예수는 허락했다. 그래서 귀신들이 그 사람에게서 나와서 돼지들에게로 들어가자, 돼지 떼 전체가 절벽 아래로 내리달려 호수에 빠져 죽었다. 돼지를 치던 사람들은 그 일을 보고 도망하여 시내와 변두리 사람들에게 그 이야기를 쏟아놓았다. 그러자 그 사람들은 무슨 일인지 보러 왔다가 예수 가까이 다가갔다. 거기서 귀신이 떠나간 사람이 옷을 제대로 입고 완전히 제정신으로 예수의 발치에 앉아 있는 것을 발견했다. 그들은 깜짝 놀랐다. 이 일을 본 사람들이 귀신 들렸던 그 사람이 어떻게 나왔는지 다른 사람들에게 설명해주었다. 그러자 거라사 지역 인근에서 온 모든 사람이 예수에게 떠나달라고 간청했다. 너무 두려웠기 때문이다. 그래서 예수는 배를 타고 돌아갔다. 귀신 들렸던 사람이 예수와 함께 가겠다고 계속 애원했지만, 예수는 이렇게 말하며 그를 돌려보냈다. "집으로 돌아가서, 하나님께서 그대에게 해주신 일을 다 그들에게 이야기해주게."

그래서 그 사람은 가서, 온 마을을 다니며 예수가 자기에게 한 일을 이야기했다. 예수가 돌아오자 무리가 나와서 환영했다. 그들 모두 예수를 기다리고 있었기 때문이다.

그때 (회당장이었던) 야이로가 와서 예수의 발 앞에 엎드려 자기 집에 와달라고 간청했다. 열두 살쯤 된 그의 외동딸이 죽어가고 있었기 때문이다.

예수가 가고 있을 때, 예수를 질식시킬 정도로 많은 무리가 따랐다. 그런데 그들 가운데 십이 년 동안 만성 혈루증을 앓던 여인이 있었다. 어떤 치료를 받아도 아무 효험이 없었다. 그런데 여인이 예수 뒤로 다가가서 그의 겉옷 자락에 손을 대자 즉시 출혈이 멈추었다.

예수는 "내게 손을 댄 사람이 누구냐?" 하고 말했다.

모두가 아니라고 하자 베드로가 지적했다. "선생님, 무리가 선생님을 둘러싸고 사방에서 선생님을 밀치고 있습니다."

그러나 예수가 말했다. "누군가 내게 손을 댔다. 내게서 능력이 나가는 것을 느꼈다."

여인은 사람들이 곧 알아차릴 것을 알고 떨면서 앞으로 나왔다. 그리고 여인은 예수의 발 앞에 엎드려, 모든 사람 앞에서 예수에게 손을 댄 이유를 말하고 손을 댄 즉시 병이 나았다고 인정했다.

예수가 말했다. "딸아, 그대의 믿음이 그대의 병을 고쳤네. 안심하고 돌아가게."

예수가 아직 말씀하고 있을 때 회당장의 집에서 누군가가 와서 말했다. "따님이 죽었습니다. 더 이상 선생님을 귀찮게 할 필요가 없습니다."

그러나 예수가 이 말을 듣고 그에게 말했다. "두려워 말고 계속 믿으세요. 그러면 아이가 괜찮아질 겁니다."

집에 도착한 예수는 베드로와 요한과 야고보와 그 아

이의 부모 외에는 아무도 들어오지 못하게 했다. 이미 그곳에 있던 사람들은 울며 아이의 죽음을 슬퍼하고 있었지만 예수는 이렇게 말했다. "그만 우세요! 아이는 죽은 게 아니라 깊이 잠들었을 뿐입니다."

이 말에 그들은 경멸하며 비웃었다. 아이가 죽었다고 확신하고 있었기 때문이다. 그러나 예수는 소녀의 손을 잡고 말했다. "일어나라, 아이야!"

그러자 아이의 영이 돌아와 그 즉시 일어났다. 예수는 아이에게 음식을 좀 가져다주라고 말했다. 아이의 부모는 기뻐서 제정신이 아니었다. 그러나 예수는 이 일을 아무에게도 말하지 말라고 했다.

그러고 나서 예수가 열두 제자를 불러 모아 그들에게 온갖 귀신을 장악하는 힘과 권세, 그리고 병을 고치는 능력을 주었다. 예수는 하나님 나라를 선포하고 병자를 고쳐주도록 그들을 보내며, 이렇게 말했다. "길을 떠날 때 아무것도 가져가지 마라. 지팡이도, 지갑도, 음식도,

돈도, 여벌옷도 가져가지 마라! 어떤 집에 묵게 되면, 다시 길을 떠날 때까지 그곳에 묵어라. 너희를 환영하지 않는 곳이 있으면, 그 마을을 떠날 때 항의 표시로 발에서 먼지를 떨어버려라!"

그래서 그들은 나가서, 마을마다 다니며 기쁜 소식을 선포하고 사람들의 병을 고쳐주었다.

갈릴리를 다스리는 영주인 헤롯은 이 모든 일을 듣자 심히 불안해졌다. 어떤 사람들은 요한이 죽었다가 다시 살아났다고 하고, 예언자 엘리야가 나타났다고도 하고, 옛 예언자 하나가 돌아왔다고도 했기 때문이다.

헤롯은 "요한의 목은 내가 베었다. 그런데 소문에 들리는 그는 대체 누구란 말이냐?" 하고 말했다.

그래서 그는 예수를 만날 방도를 찾으려 했다.

그러고 나서 사도들이 돌아와, 자신들이 한 일을 예수에게 보고하자, 예수는 다른 사람들 몰래 그들을 데리고 벳새다라는 마을로 물러갔다.

그러나 무리가 이를 보고 예수를 따라갔다. 그러자 예수는 그들을 맞아들이고 그들에게 하나님 나라에 관해 말하며 치료가 필요한 이들을 고쳐주었다. 날이 저물자 열두 제자가 예수에게 와서 말했다. "이곳은 허허벌판이니, 이제 사람들을 근처 마을과 농가로 보내어 음식과 쉴 곳을 찾으라고 하십시오."

예수는 "너희가 먹을 것을 줘!" 하고 대답했다.

그들이 대답했다. "하지만 우리는 빵 다섯 개와 물고기 두 마리밖에 없습니다. 이 사람들이 먹을 음식을 나가서 사오라는 말씀입니까?" (그곳에는 남자만 대략 오천 명쯤 있었다.)

그러자 예수가 제자들에게 말했다. "사람들을 오십 명 정도씩 무리 지어 앉게 해라."

그들은 모두 그렇게 앉게 했다. 그러자 예수가 빵 다섯 개와 물고기 두 마리를 들고 하늘을 올려다보며 축복하고 그것을 여러 조각으로 떼어 제자들에게 주었고, 제자들은 그것을 무리에게 전달했다. 모두 배불리 먹고 남은 조각들을 열두 바구니 가득 모았다.

예수가 베드로에게서 중요한 대답을 듣다

그러고 나서 이 사건이 있었다. 예수가 제자들만 가까이 두고 홀로 기도하고 있었을 때, 그들에게 이런 질문을 했다. "사람들이 나를 누구라고 하니?"

그들은 이렇게 대답했다. "세례자 요한이라고도 하고, 엘리야라고도 하고, 옛 예언자 하나가 살아 돌아왔다고도 합니다."

그러자 예수가 물었다. "그러면 너희는 나를 누구라고 하니?"

베드로가 "하나님께서 보내신 그리스도십니다!"라고 말했다.

그러나 예수는 누구에게도 한마디도 하지 말라고 그들에게 분명하게 말했다. 아울러 인자가 극심한 고난을 받고, 장로들과 대제사장들과 율법학자들에게 버림을 받아 죽임을 당하고 사흘 후에 다시 살아나는 일이 반드시 일어나야 한다고 경고했다. 그러고 나서 그들 모두에게 말했다. "누구든 내 발자취를 따라오려면, 자신의 권리를 다 버리고, 매일 자기 십자가를 지고 내 뒤에 바짝 붙어 있어라. 자기 목숨을 구하고자 하는 사람은 잃겠지만, 나를 위해 자기 목숨을 잃는 사람은 그 목숨을 구할 것이다. 자기 영혼을 잃거나 빼앗긴다면, 온 세상을 얻은들, 그것이 무슨 소용이냐? 누구든 나를, 내 말을 부끄러워하면, 인자도 자신의 영광과 아버지의 영광을 입고 거룩한 천사들과 함께 오는 날 그를 부끄러워할 것이다. 너희에게 단순한 진리를 말한다. 곧, 오늘 여기 있는 사람 중에는 죽음을 맛보기 전에 하나님 나라를 볼 이들이 있다!"

이 말을 하고 팔 일쯤 후에 예수는 베드로와 야고보와 요한을 데리고 기도하러 산에 올라갔다. 그런데 예수가 기도하는 동안, 얼굴 모습 전체가 변하고 옷이 눈부실 정도로 하얗게 되었다. 그때 갑자기 두 사람이 예수와 대화를 나누는 모습이 보였다. 모세와 엘리야였다. 하늘의 영광을 입고 나타난 그들은, 예수가 가야만 하는 길과 그가 예루살렘에서 이루어야 할 목표에 관해 예수와 대화를 나누었다. 그러나 베드로와 동료들은 잠을 이기지 못했다. 그러다 깨려고 안간힘을 쓰고 있을 때, 예수의 영광과 두 사람이 함께 서 있는 광경을 보았다. 그들이 예수를 떠나려 할 때 베드로가 예수에게 말했다. "선생님, 우리가 여기 있으니까 참 좋네요! 오두막을 세 개 짓게 해주세요. 하나는 선생님을 위해, 또 하나는 모세를 위해, 또 하나는 엘리야를 위해서요." 그러나 베드로는 자기가 무슨 말을 하는지 몰랐다. 그가 아직 말을 하고 있을 때, 구름이 그들을 덮어 감싸자 그들은 경외감에 사로잡혔다. 그때 구름 속에서 어떤 음성이 나오더니 말했다. "그는 내 아들, 내가 택한 자다! 그의 말을 들어라!"

그 말이 끝나자, 그곳에는 예수 말고는 아무도 없었다. 제자들은 입을 다물었고, 그때 그들이 본 것을 누구에게도 한마디도 안 했다.

이튿날 그들이 산에서 내려오자, 큰 무리가 예수와 마주쳤다. 그때 갑자기 무리 가운데서 한 사람이 소리쳤다. "선생님, 제발 오셔서 제 아들을 봐주십시오! 하나뿐인 아들이 느닷없이 귀신에 사로잡히면 갑자기 소리를 지릅니다. 또 귀신이 아이에게 경련을 일으켜 입에 거품을 물게 하고, 무시무시한 몸부림을 치게 만들어 온몸에 피멍이 든 다음에야 아이한테서 떠납니다. 제가 선생님의 제자들에게 귀신을 없애달라고 간청했지만 그들은 하지 못했습니다."

예수가 대답했다. "너희는 정말 믿음도 없고 대책도 안 서는 백성들이다. 내가 얼마나 너희와 함께 있어야 하며, 얼마나 오래 참아야 할까? 그 아이를 이리로 데려와라."

그러나 그 소년은 오는 동안에도, 귀신이 들려 땅을 뒹굴며 지독한 경련을 일으켰다. 그때 예수가 그 귀신을 꾸짖고 아이를 낫게 해서 아버지에게 돌려줬다. 거기 있던 모든 사람이 하나님의 능력이 드러난 이 일을 보고 깜짝 놀랐다.

모든 사람이 예수가 한 모든 일을 보고 아주 놀라워하고 있을 때 예수가 제자들에게 말했다. "내가 지금 하는 말을 마음에 잘 새겨라. 인자는 사람들 손아귀에 넘어간다."
그러나 그들은 이 말씀을 알아듣지 못했다. 그들은 무언가에 가려서 그 말씀을 이해할 수 없었고, 그 말씀이 무슨 뜻인지 묻기도 두려웠다.

그러고 나서 그들 사이에서 누가 가장 높은지를 놓고 언쟁이 일어났다. 그러나 예수는 그들이 무엇을 놓고 언쟁을 벌이는지 알고는, 어린아이 하나를 데려와 그 옆에 세웠다. 그런 다음 그들에게 말했다. "내 이름으로 어린아이 하나를 받아들이는 사람은 누구든 나를 받아들이는 것이고, 나를 받아들이는 사람은 나를 보내신 이를 받아들이는 것이다. 너희 가운데 가장 보잘것없는 사람이 정말로 가장 높은 사람이다."

그때 요한이 끼어들었다. "선생님, 어떤 사람이 선생님의 이름으로 귀신들을 쫓아내는 것을 보았는데, 그가 선생님을 따르는 우리 무리에 속해 있지 않아서, 하지 못하게 했습니다."

예수가 그에게 말했다. "막지 마라. 너희를 반대하지 않는 사람은 너희 편이다."

3부

예수가 하늘로 돌아갈 날이 다가오자 예루살렘에 가기로 단호히 결단하고, 몇 사람을 앞서 보냈다. 그들은 먼저 길을 떠나 예수를 위해 준비하려고 사마리아의 한 마을로 들어갔다. 그러나 그곳 사람들은 예수를 맞아들이려 하지 않았다. 예수가 명백히 예루살렘으로 향하고 있었기 때문이다. 예수의 제자 야고보와 요한이 이를 보고 말했다. "선생님, 하늘에서 불을 내려달라고 구하여 그 마을을 다 태워달라고 할까요?"

그러나 예수는 돌아서서 그들을 꾸짖었다. 그러고는 그들 모두 다른 마을로 갔다.

일행이 많지 않은 그들이 길을 가고 있을 때 한 사람이 예수에게 말했다. "저는 선생님이 어디를 가시든 따라가겠습니다."

그러자 예수가 대답했다. "여우에게도 굴이 있고, 새들에게도 둥지가 있지만, 인자는 머리 둘 곳이 없다."

그러나 또 다른 사람에게는 이렇게 말했다. "나를 따라오게."

그러자 그가 대답했다. "먼저 가서 아버지 장례를 치르도록 해주십시오."

그러나 예수가 그에게 말했다. "죽은 자들의 장례는 죽은 자들에게 맡기고 자네는 하나님 나라를 전하게."

또 다른 사람이 예수에게 말했다. "주님, 저는 주님을 따라가겠습니다. 그러나 먼저 식구들에게 가서 작별 인사를 하게 해주십시오."

그러나 예수가 그에게 말했다. "손에 쟁기를 잡고 나서 뒤를 보는 사람은 누구든, 하나님 나라에 쓸모가 없다."

그 후에 예수가 제자 일흔 명을 따로 선발해, 직접 가려 했던 모든 마을과 지역에 둘씩 짝을 지어 선발대로 보냈다.

예수가 그들에게 말했다. "추수할 것은 많은데, 일할 사람이 몇 안 되는구나. 그러므로 추수의 주인인 하나님께 추수할 일꾼들을 더 보내달라고 기도해라.

이제 떠나거라. 나는 늑대 사이로 양을 보내듯 너희를 보낸다. 지갑도, 가방도, 양말도 가지고 다니지 말고, 길에서 누구를 만나든 인사하려고 멈추지 마라. 어떤 집에 들어가면 먼저 '이 집에 평화가 있기를 빕니다!' 하고 말해라. 그곳에 평화를 사랑하는 사람이 있으면 너희의 축복의 말을 받을 것이고, 그렇지 않으면 그 말은 너희에게 돌아올 것이다. 한 집에서 묵으면서 그들이 무엇을 주든 먹고 마셔라. 일꾼이 자기 품삯을 받는 것은 마땅하다. 그러나 이 집 저 집 옮겨 다니지는 마라.

어느 마을에 들어가든 사람들이 너희를 환영하면 그들이 주는 음식을 먹고 그곳에 있는 아픈 사람들을 고쳐주어라. 그들에게 '하나님 나라가 지금 여러분 아주 가까이에 있습니다'라고 말해라. 그러나 어느 마을이든 너희를 환영하지 않으면, 거리로 가서 말해라. '우리가 여러분에 대한 항의 표시로, 우리 발에서 여러분 마을의 먼지마저도 떨어버립니다. 그러나 하나님 나라가 왔다는 것은 여전히 사실입니다!' 너희에게 분명히 말한다. '그날'에 그 마을보다 소돔에 있는 편이 더 견디기 쉬울 것이다.

가엾은 고라신아, 가엾은 벳새다야! 두로와 시돈이 너희가 보았던 하나님의 능력을 보았다면, 그들은 오래 전에 베옷을 입고 재를 쓰고 앉아 회개했을 것이다. 심판 때에 너희보다 두로와 시돈에 있는 편이 견디기 더 쉬울 것이다! 가버나움아, 네가 하늘까지 높아질 것 같으냐? 내가 네게 말한다. 너는 죽은 자들 가운데로 뚝 떨어질 것이다!"

그러고 나서 일흔 명에게 덧붙였다. "너희 말을 듣는 이들은 누구든 내 말을 듣는 것이며, 너희를 거부하는 사람은 나도 거부하는 것이다. 또 나를 거부하는 사람은 나를 보내신 이도 거부하는 것이다!"

그 후 일흔 명이 아주 기뻐하며 돌아왔다. 그들은 "주님, 우리가 주님의 이름을 말하면 귀신들도 우리에게 복종했습니다!" 하고 말했다.

예수가 대답했다. "그렇다. 나는 사탄이 번갯불처럼

하늘에서 떨어지는 것을 보았다! 진실로 나는 너희에게 뱀과 전갈을 밟고 모든 원수의 세력을 이길 능력을 주었으므로, 너희에게 해를 입힐 수 있는 것은 아무것도 없다. 그러나 너희는, 귀신들을 제어하는 능력 때문이 아니라, 너희 이름이 하늘에 기록된 사실로 인해 그렇게 기뻐해야 한다."

그 순간 성령으로 인해 예수는 마음에 기쁨이 충만하여 이렇게 외쳤다. "오, 하늘과 땅의 주님이신 아버지, 이런 것들을 지혜롭고 똑똑한 자들에게는 숨기고 순전한 어린이들에게 보여주셔서 감사드립니다! 그렇습니다, 아버지. 감사합니다. 이것이 아버지의 뜻입니다." 그런 다음 계속 이어나갔다. "아버지께서 모든 것을 내게 맡기셨습니다. 아버지 외에는 아들이 누구인지 아무도 모릅니다. 아들 외에는, 또 아들이 아버지를 드러내기로 택한 사람 외에는, 누구도 아버지가 누구신지 모릅니다!"

그런 다음 제자들에게로 몸을 돌려 조용히 말했다. "너희가 보고 있는 것을 보는 너희는 얼마나 다행이냐!

내가 너희에게 말한다. 많은 예언자와 왕들이 너희가 보고 있는 것을 보고자 했지만 보지 못했고, 너희가 듣고 있는 것을 듣고자 했으나 듣지 못했다."

한번은 율법 전문가 중 하나가 예수를 시험하려고 말했다. "선생님, 영원한 삶을 확신하려면 제가 무엇을 해야 합니까?"

예수는 "율법이 무엇이라 말하며, 당신은 그것을 읽고 무엇을 깨달았습니까?"라고 말했다.

그가 대답했다. "율법은 '네 마음을 다하고, 네 혼을 다하고, 네 힘을 다하고, 네 지성을 다하여 주 너의 하나님을 사랑하고 또 너 자신을 사랑하듯 네 이웃을 사랑해라'라고 말합니다."

예수는 "맞습니다. 그렇게 하면 영원히 살 것입니다"라고 말했다.

그러나 그 사람은 자신이 옳음을 보여주고 싶어서 계속 말했다. "그런데 누가 내 '이웃'입니까?"

그러자 예수가 다음과 같은 답을 그에게 주었다. "어떤 사람이 예루살렘에서 여리고로 내려가고 있었습니다. 그런데 그만 강도들에게 붙잡혔습니다. 강도들은 그의 옷을 벗기고 때려 반쯤 죽이고는 그대로 내버려두고 갔습니다. 마침 한 제사장이 그 길로 내려가다가 그를 보았지만, 다른 쪽으로 지나갔습니다. 어떤 레위인도 현장에 와서 그를 보았지만, 역시 다른 쪽으로 지나갔습니다. 그러나 그때 한 사마리아인 여행자가 그가 쓰러진 곳에 도착했는데, 그를 보고 불쌍한 마음이 들었습니다.

선한 사마리아인의 비유로 율법이 실생활에서도 유효함을 보여주다

그래서 그에게로 가서 상처에 기름과 포도주를 붓고 싸매어주었습니다. 그런 다음 그를 자기 노새에 태워 여관으로 데리고 가서 그를 위해 할 수 있는 일을 해주었습니다. 다음 날 그는 여관 주인에게 은화 두 개를 주면서 이렇게 말했습니다. '이 사람을 돌봐주시겠습니까? 돈이 더 들면 돌아오는 길에 이리로 와서 갚겠습니다.' 당신은 이 세 사람 중 누가 강도 피해자의 이웃 같습니까?"

그는 "그를 실제로 도운 사람입니다"라고 대답했다.

예수가 다시 말했다. "그러면 당신도 가서 똑같이 도우십시오."

그들이 계속 여행을 하다가 예수가 한 마을에 들어가자, 마르다라는 여인이 예수를 자기 집으로 맞아들였다. 마르다에게는 마리아라는 여동생이 있었는데, 마리아는 주의 발 앞에 자리를 잡고 앉아 예수가 하는 말을 듣고 있었다. 그러나 마르다는 정성을 다해 준비하느라 너무 애가 타서 갑자기 끼어들어 말했다. "주님, 제 동생이 저 혼자 일을 다 하도록 내버려두고 있는데, 아무

렇지 않으십니까? 가서 저를 도와주라고 동생한테 말해주십시오!"

그러나 주가 마르다에게 대답했다. "사랑하는 마르다야, 너는 아주 많은 것들을 준비하느라 애태우며 신경 쓰고 있구나. 그러나 정말 필요한 것은 하나뿐이다. 마리아는 가장 좋은 쪽을 택했으니 그것을 빼앗아서는 안 된다!"

어느 날 예수가 어떤 곳에서 기도하고 있었다. 기도를 마치자 한 제자가 말했다. "주님, 요한이 자기 제자들에게 가르쳐주었던 것처럼, 저희에게도 기도하는 법을 가르쳐주십시오."

예수가 대답했다. "너희는 기도할 때 이렇게 말해라. '아버지, 아버지의 이름이 영광을 받게 해주십시오. 아버지의 나라가 오게 해주십시오. 우리에게 매일 필요한 양식을 주시고, 우리가 우리에게 잘못한 사람들을 다 용서하니, 우리의 잘못도 용서해주십시오. 우리로 유혹을 피하게 해주십시오.'"

그런 다음 이렇게 덧붙였다. "너희 가운데 누가, 한밤중에 친구에게 가서 '사랑하는 친구, 빵 세 개만 빌려주게. 내 친구가 막 여행을 마치고 왔는데 그 친구에게 내놓을 음식이 없네'라고 말한다고 하자. 그러면 그는 집 안에서 '자네 문제로 나를 귀찮게 하지 말게. 현관문은 잠겼고 아이들과 나는 잠자리에 들었네. 지금 일어나서 자네에게 무언가를 줄 수는 없네!'라고 대답할 것이다. 그러나 내가 너희에게 말한다. 그가 그저 친구라는 이유만으로는 일어나 친구가 원하는 것을 주지 않는다 해도, 만약 끈질기게 계속 청한다면 정신을 차리고 일어나 친구에게 필요한 것을 다 줄 것이다. 그러므로 내가 너희에게 말한다. 구해라, 그러면 받을 것이다. 찾아다녀라, 그러면 찾을 것이다. 두드려라, 그러면 문이 열릴 것이다. 구하는 자는 항상 받고, 찾아다니는 자는 항상 찾고, 두드리는 이에게 문이 열릴 것이다. 너희 중 몇은 아버지인데, 아들이 너희에게 생선을 달라고 하는데 대신 뱀을 주겠느냐? 혹은 아들이 달걀을 달라고 하는데 전갈을 선물로 주겠느냐? 너희가 악할지라도 자녀들에게는 좋은 것을 줄 줄 아는데, 하늘에 계신 너희 아버지가 구하는 이들에게 성령을 주실 가능성이 훨씬 크지 않겠느냐!"

또다시 예수가 말 못하게 하는 귀신을 쫓아냈다. 귀신이 그 사람에게서 떠나자마자 말을 못하던 사람이 제대로 말을 할 수 있게 되었고, 무리는 깜짝 놀랐다.

그러나 그들 중 몇은 이렇게 말했다. "그는 귀신의 우두머리 바알세불과 한통속이라서 귀신들을 쫓아내는 것이다."

그들 중 또 다른 이들은 예수를 시험하고자, 예수에게서 하늘로부터 오는 표징을 얻으려 했다. 그러나 예수는 그들이 무슨 생각을 하는지 알고 그들에게 이렇게 말했다. "내분이 일어나는 나라는 다 파멸하고, 분열된 가정은 붕괴된다. 그러니 사탄이 사탄과 서로 의견이 다르면 어떻게 그 나라가 지속되겠느냐? 너희는 내가 바알세불과 한통속이라서 귀신을 쫓아낸다고 말한다. 그러나 내가 바알세불과 협력하여 귀신을 쫓아낸다면, 너희 아들들이 그렇게 할 때에는 누구와 협력한 것이냐? 그들이 너희 의문을 해결해줄 것이다. 그러나 만약 내가 하나님의 손가락으로 귀신을 쫓아낸다면, 하나님 나라가 지금 너희에게 강력하게 임한 것이다.

강한 사람이 완전무장을 하고 자기 집을 지키면 그의 재산은 안전하다. 그러나 더 강한 사람이 와서 그를 물리치면, 그는 그가 믿고 의지하던 무기들을 다 치우고 친구들과 전리품을 나눌 것이다.

내 편이 아닌 사람은 나를 반대하는 사람이고, 나와 함께 모으지 않는 사람은 사실 흩뜨리는 사람이다.

귀신이 어떤 사람에게서 나와서 물 없는 곳을 헤매며 쉴 곳을 찾아다니다 찾지 못하고는, '내가 나온 내 집으로 돌아가야겠다'라고 말했다. 귀신이 가보니 집이 깨끗했고 잘 정돈되어 있었다. 그래서 그 귀신은 나가서, 함께 지내기 위해 자기보다 더 악한 귀신 일곱을 모아서, 그 집에 들어가 편안히 지냈다. 그 사람의 나중 상황은 처음보다 나빠졌다."

예수가 아직 이 말을 하고 있을 때 무리 가운데서 한 여자가 소리치며 말했다. "오, 선생님을 낳고 양육한 여인은 정말로 복이 있습니다!"

그러나 예수는 이렇게 대답했다. "맞습니다. 그러나 하나님의 말씀을 듣고 순종하는 이가 훨씬 더 복이 있습니다."

그때 사람들이 예수 가까이로 몰려들자 예수가 계속 말씀을 이어갔다. "이 세대는 악한 세대다! 표징을 갈구하지만 요나의 표징 외에는 어떤 표징도 보지 못할 것이다. 요나가 니느웨 사람들에게 표징이었던 것처럼, 인자도 이 세대에 표징이 될 것이다. 심판 때에 남방의 여왕이 이 세대와 함께 일어서서 이 세대를 책망할 것이다. 여왕은 솔로몬의 지혜를 듣기 위해 땅 끝에서 왔지만, 지금 너희에게는 솔로몬의 지혜보다 뛰어난 지혜가 있기 때문이다. 심판 때 니느웨 사람들이 이 세대와 함께 일어서서 이 세대를 책망할 것이다. 니느웨 사람들은 요나의 설교를 듣고 회개했지만, 지금 너희에게는 요나의 설교보다 뛰어난 설교가 있기 때문이다.

등불을 가져다가 벽장 속에 두거나 들통 속에 두는 사람은 없다. 등불은 등잔대 위에 둔다. 그래야 들어오는 사람들이 빛을 볼 수 있다. 몸의 등불은 눈이다. 눈이 건강하면 온몸이 환하다. 그러나 눈이 악하면 온 몸이 어둡다. 그러므로 너희의 빛이 절대 어두워지지 않도록 조심해라. 너희의 온몸이 환하여 그늘진 부분이 하나도 없으면, 밝게 빛날 것이다. 마치 너희를 비추는 환한 등불 같을 것이다."

예수가 말하고 있을 때, 바리새인 하나가 예수를 저녁 식사에 초대했다. 그래서 예수는 그 집에 들어가 식탁에 앉았다. 바리새인은 예수가 식사 전에 씻지 않는 것을 보고 깜짝 놀랐다. 그러나 주가 그에게 말했다. "너희 바리새인들은 컵과 접시의 겉은 깨끗이 닦지만, 너희 속에는 탐욕과 악독이 가득하다! 모르겠느냐? 겉을 만드신 이가 속도 만드신 분임을 깨닫지 못하느냐? 그 속의 내용물을 궁핍한 이들에게 줘서 속을 깨끗이 하면, 당연히 겉도 깨끗해질 것이다! 그러나 가엾은 바리새인들아, 너희는 박하와 운향과 각종 작은 풀들의 십일조는 드리면서, 하나님의 정의와 사랑은 보지 못하고 있다.

덜 중요한 의무들을 행하지 말라는 뜻이 아니라, 그것들에 관심을 가져야 한다는 말이다. 가엾은 바리새인들아, 너희는 회당에서 앞자리를 좋아하고, 사람들이 공개적으로 너희들에게 머리를 조아리는 것을 좋아한다! 가엾은 너희들, 너희는 무덤 표시가 없는 무덤 같다. 사람들은 그곳에 무덤이 있는지도 모르고 부패한 너희 위로 걸어 다닌다."

그때 율법 전문가 한 사람이 예수에게 와서 말했다. "선생님, 선생님이 이같이 말씀하시면 우리도 모욕하시는 것입니다."

그러자 예수가 대답했다. "그렇다. 율법 전문가들인 너희도 책망한다! 너희는 아주 무거운 짐을 사람들에게 지우면서, 정작 너희는 그 짐을 드는 데 손가락 하나도 까딱하지 않기 때문이다. 가엾은 너희들, 너희는 예언자들을 기념하는 무덤을 만들지만, 그 예언자들은 너희 조상이 죽인 사람들이다. 이를 통해 너희가 조상들의 행동에 찬성하고 있음이 분명히 드러났다. 그들은 죽이고 너희는 기념비를 세웠다. 그러므로 하나님의 지혜가 말했다. '내가 그들에게 예언자들과 사도들을 보낼 것이다. 그러나 그들이 몇몇은 죽이고 몇몇은 박해할 것이다!' 따라서 아벨부터 제단과 성소 사이에서 죽은 사가랴까지, 창세 때부터 흘린 모든 예언자의 피에 대해 이 세대에게 책임을 물어야 할 것이다. 너희에게 말한다. 이 세대가 그 모든 것을 책임져야 한다!

가엾은 율법 전문가들아, 너희는 지식의 열쇠를 없애 버렸다. 그래서 너희도 들어가지 못하고, 문 앞에 서 있

온전히 신실해야 함을 가르치다

는 다른 모든 사람도 들어가지 못하게 한다!"

그러고 나서 예수가 그곳을 떠날 때, 율법학자들과 바리새인들은 예수를 향한 격렬한 증오를 키우기 시작했고, 아주 많은 주제에 대해 질문하면서, 죄가 될 만한 발언이 나오면 걸고넘어지려고 기다렸다.

―◦◈◦―

그동안 수천 명이나 되는 무리가 모여, 서로의 발을 밟을 지경에 이르렀다. 예수는 먼저 제자들에게 말했다. "누룩을 조심해라. 나는 바리새인들의 누룩, 곧 그들의 가식을 말하는 것이다. 덮어두었다고 해도 드러나지 않을 것이 없고, 은밀한 것이라고 해도 공개되지 않을 것이 없다. 너희가 어둠 속에서 무엇을 말하든 밝은 데서 들릴 것이고, 방 안에서 무엇을 속삭이든 지붕 위에서 울려 퍼질 것이다.

내 친구인 너희에게 말한다. 몸은 죽일 수 있으나 그 이상은 아무것도 할 수 없는 이들을 두려워하지 마라.

너희가 유일하게 두려워해야 할 분을 알려주겠다. 그분은 너희를 죽인 다음 멸망에 빠뜨릴 권세도 가진 분이다! 내가 너희에게 말한다. 그분을 두려워하는 것이 옳다. 참새 다섯 마리가 시장에서 이천 원에 팔리지 않느냐? 그러나 하나님은 그중 한 마리도 잊지 않으신다. 하나님은 너희 머리카락도 다 세신다! 그러므로 두려워 마라. 너희는 아주 많은 참새보다 더 귀하다! 내가 너희에게 말한다. 사람들 앞에서 나를 인정하는 사람은 누구든, 인자인 나도 하나님의 천사들 앞에서 인정할 것이다. 그러나 사람들 앞에서 나를 부인하는 사람은, 하나님의 천사들 앞에서 부인당할 것이다!

인자를 반대하는 말을 하는 사람은 용서받을 수 있지만, 성령을 반대하여 비방하는 사람에게는 용서가 없다. 그들이 너희를 회당과 판사들과 권세자들 앞에 끌고 갈 때, 어떤 변증을 할지, 어떤 단어를 사용할지 염려하지 마라. 그때 성령께서 너희가 해야 할 올바른 말을 알려주실 것이다."

그때 무리 가운데서 어떤 사람이 예수에게 말했다.

"선생님, 내 형에게 나와 유산을 나누라고 말해주십시오."

그러나 예수가 대답했다. "친구여, 누가 나를 그대 사건의 재판관이나 중재자로 임명했는가?"

그런 다음 제자들을 향해 말했다. "어떤 모양이나 형태든 탐욕을 조심하고 주의해라. 사람의 진짜 생명은 소유물의 양에 달려 있지 않기 때문이다."

그런 다음 그들에게 다음과 같은 비유를 들어주었다. "옛날에 어떤 부자가 자기 농지에서 많은 소출을 얻었다. 그래서 속으로 생각했다. '곡식을 보관할 곳이 없으니 어떻게 하지?' 그러고 나서 이렇게 말했다. '그렇지, 알겠어. 곳간들을 허물고, 내 곡식과 물건들을 다 보관할 수 있는 더 큰 곳간을 짓는 기야. 그러면 내 영혼에게, "영혼아, 여기 좋은 것들을 많이 보관해두었으니 앞으로 몇 년은 편히 쉬고, 먹고 마시고 즐거운 시간을 보내자"라고 말할 수 있어.' 그러나 하나님께서 그에게 말씀하셨다. '어리석은 자여, 바로 오늘 밤 내가 네 영혼을 찾아올 것이다! 그러면 네가 마련한 모든 것이 누구의 소유가 되겠느냐?' 이것이 자기를 위해 재물을 비축하지만 하나님 보시기에는 부유하지 못한 사람에게 일어나는 일이다."

그런 다음 예수가 제자들에게 덧붙였다. "그러므로 내가 너희에게 말한다. 무엇을 먹을까, 너희 몸에 어떤 옷이 필요할까 궁리하며, 어떻게 살지 염려하지 마라. 생명은 음식보다 중요하고, 몸은 옷보다 중요하다. 까마귀들을 생각해봐라. 까마귀들은 씨를 뿌리지도 않고, 거두지도 않고, 창고도 없고 곳간도 없지만, 하나님께서 그들을 먹이신다. 너희 생각에 너희는 새들보다 얼마나 더 소중할 것 같으냐? 걱정을 아무리 많이 한들, 너희 중 누가 키를 1센티미터라도 자라게 할 수 있느냐? 이처럼 작은 일도 해낼 수 없으면서 왜 다른 것들에 대해 염려하느냐? 들꽃을 생각해봐라. 그 꽃들은 수고도 하지 않고 길쌈도 하지 않는다. 그러나 내가 너희에게 말한다. 온갖 영화를 누렸던 솔로몬도 들꽃 한 송이만큼 잘 차려입지 못했다. 만약 하나님이, 오늘 들에서 꽃을 피우다가 내일 난로에서 불에 탈 풀도 이렇게 입히신다면, 너희는 훨씬 더 잘 입히지 않겠느냐, 믿음이 적은 이들아? 너희는 무엇을 먹고 마실지에 열중하지도 말고, 걱정하며 살지도 마라. 이교 세계에서는 모두 먹을 것과 마실 것을 마련하느라 바쁘지만, 너희 아버지는 너희에게 그런 것들이 필요한 줄 아주 잘 아신다. 그분의 나라에 열중해라. 그러면 당연히 먹을 것과 마실 것이 올 것이다. 어린 양 떼들아, 두려워하지 마라! 너희 아버지는 너희에게 그 나라를 주실 작정이시다. 너희 소유를 팔아서 그 돈을 가난한 이들에게 주어라. 절대 낡지 않을 지갑을 마련하고, 하늘에다 절대 없어지지 않을 보물을 두어라. 그곳은 도둑도 들 수 없고, 좀 때문에 보물이 망가지지도 않는다. 너희 보물이 있는 곳이 어디든, 너희 마음도 확실히 거기 있다!

너희는 옷을 입고 준비하고 등불을 켜두어라. 주인이 혼인 잔치에서 돌아와 문을 두드릴 때 곧바로 주인을 맞이하려고 기다리는 사람들처럼 말이다. 주인이 도착해서 종이 경계를 게을리하지 않는 모습을 본다면, 그 종들은 행복하다. 너희에게 분명히 말한다. 그때 주인이 겉옷을 벗고 그들을 저녁 식탁에 앉히고 그들의 시중을 들 것이다. 만약 주인이 자정 직후나 아주 이른 아침에

왔는데도 종들이 여전히 경계를 게을리하지 않는 모습을 본다면 그들도 분명 행복하다. 그러나 확실히 알아둘 것이 있다. 만약 집주인이 도둑이 오는 시간을 안다면 집에 도둑이 침입하도록 내버려두지 않을 것이다. 그러므로 너희는 경계를 게을리하지 마라. 인자는 너희가 예상하지 못할 때 올 것이다."

그때 베드로가 예수에게 말했다. "주님, 이 비유가 우리를 위한 것입니까, 아니면 모두를 위한 것입니까?"

그러나 주는 계속 말씀을 이어갔다. "누가 신실하고 현명한 관리인이겠느냐? 주인이 누구에게 식솔들을 맡기고, 제때에 양식을 주라고 시키겠느냐? 주인이 돌아와서 종이 그렇게 하고 있는 모습을 본다면, 그 종은 행복하다. 내가 너희에게 말한다. 주인은 그를 승진시켜 자신의 모든 재산을 맡길 것이다. 그러나 종이 만약 속으로 '주인은 천천히 돌아올 거야' 하고 생각하고는 남종 여종들을 때리고 먹고 마시고 취한다면, 주인은 그 종이 예상치 못한 때에 갑자기 돌아와서, 그를 엄하게 벌하고, 신실하지 못한 이가 받는 형벌을 내릴 것이다. 주인의 계획을 알지만 준비하지 않거나 계획대로 행하지 않는 종은 엄한 벌을 받을 것이다. 그러나 그 계획을 알지 못했던 종은, 잘못을 저지르긴 했지만 가볍게 넘어갈 것이다. 많이 받은 이는 기대도 많이 받고, 더 많이 맡을수록 사람들은 그에게 더 많이 기대한다.

나는 땅에 불을 지르러 왔다. 그러니 이미 불에 타고 있으면 얼마나 좋을까! 내가 받아야 하는 세례가 있으니, 그 일이 끝날 때까지 내가 얼마나 압박감을 느낄지 모르겠다!

너희는 내가 땅에 평화를 주려고 왔다고 생각하느냐? 아니다. 내가 너희에게 말한다. 평화가 아니라 분열을 일으키려고 왔다! 이제부터는 한 집에 다섯 사람이 있다면 서로 분열하여 셋이 둘과, 둘이 셋과 맞설 것이다. 아버지가 아들과 맞서고, 아들이 아버지와 맞서고, 어머니가 딸과 맞서고, 딸이 어머니와 맞서고, 시어머니가 며느리와 맞서고, 며느리가 시어머니와 맞설 것이다!"

그런 다음 예수가 무리에게 말했다. "당신들은 서쪽

에서 구름이 일어나는 것을 보면 그 즉시 비가 오겠다고 말하고 그대로 됩니다. 또 남풍이 부는 것이 느껴지면 덥겠다고 말하고 그대로 됩니다. 사기꾼들이여! 당신들은 땅과 하늘을 보며 날씨를 분별하는 법은 압니다. 그런데 어째서 시대의 의미는 해석하지 못합니까?

어째서 스스로 무엇이 옳은지 결정하지 못합니까? 예를 들어, 법적 상대와 함께 판사에게 가고 있다면, 기회가 있을 때 최선을 다해 합의하십시오. 그러지 않으면 그가 당신들을 급히 판사에게 끌고 가고, 판사는 당신들을 집행관에게 넘겨주고, 집행관은 당신들을 옥에 가둘 것입니다. 당신들에게 말합니다. 당신들은 마지막 동전 하나마저 갚을 때까지 절대 다시 나오지 못할 것입니다."

바로 이때 어떤 사람들이 와서 예수에게 갈릴리 사람들에 관한 이야기를 해주었다. 빌라도가 그 갈릴리 사람들의 피를 그들이 바친 희생 제물의 피와 섞었다는 것이다. 예수가 그들에게 이런 대답을 해주었다. "여러분은

그 갈릴리인들이 여느 갈릴리 사람들보다 더 악한 죄인들이라서 그런 일을 당했다고 생각하십니까? 여러분에게 분명히 말하건대, 그렇지 않습니다. 여러분도 마음을 돌이키지 않으면 모두 비참하게 죽을 것입니다! 실로암에서 탑이 무너져서 죽은 열여덟 사람을 기억하십니까? 여러분은 그들이 예루살렘에 살던 다른 사람들보다 더 악한 죄인이라 생각하십니까? 여러분에게 분명히 말하건대, 그렇지 않습니다. 여러분도 인생관을 전부 바꾸지 않으면 모두 비참하게 죽을 것입니다!"

그러고 나서 그들에게 이런 비유를 들어주었다. "옛날에 어떤 사람이 정원에서 무화과나무를 키웠습니다. 그런데 무화과를 기대하며 가보았지만 열매가 하나도 없었습니다. 그래서 정원사에게 말했습니다. '내가 삼 년이나 이 무화과나무에서 열매가 열리기를 기다렸지만 하나도 보지 못했다. 이 나무는 잘라버리는 편이 낫겠다. 귀한 땅만 버릴 이유가 있겠느냐?' 그러자 정원사가 대답했다. '주인님, 올해까지만 건드리지 마십시오. 그러면 제가 그 둘레를 파서 거름을 좀 주겠습니다. 그렇게 해서 이 나무가 열매를 맺으면 좋을 것입니다. 그러나 그러지 못하면 그때 잘라버리십시오.'"

마침 예수가 안식일에 회당에서 가르치고 있었다. 그런데 회중 가운데 어떤 심리적인 요인으로 십팔 년 동안 병을 앓고 있는 여인이 있었다. 그 여인은 허리가 굽어서 똑바로 펼 수가 없었다. 예수가 그 여인을 주목해 보더니, 불러서 말했다. "그대는 병에서 해방되었소!"

예수가 안식일 엄수주의자들을 잠잠케 하다

그러고 나서 예수가 그 여인에게 손을 얹자, 그 즉시 똑바로 서서 하나님을 찬양했다. 그러나 회당장은 예수가 안식일에 병을 고친 것에 짜증이 나서 회중에게 공표했다. "사람이 일할 수 있는 엿새가 있습니다. 엿새 중 하루에 와서 고침을 받고, 안식일에는 그렇게 하지 마십시오!"

그러나 주가 그에 대응해 말했다. "위선자들아, 너희도 모두 안식일에 외양간에서 소나 나귀를 풀어 끌고 가서 물을 먹인다! 그렇다면, 아브라함의 딸인 이 여인, 너희 모두가 알다시피 십팔 년 동안이나 사탄에게 매여 있던 이 여인도 마땅히 안식일에 그 매인 데서 풀려나야 한다!"

이 말씀은 반대자들을 부끄럽게 만들었지만, 무리는 예수가 보여준 모든 영광스러운 일들로 인해 감격했다.

그런 다음 예수가 이어서 말했다. "하나님 나라는 무엇과 같을까요? 내가 어떤 예를 사용해야 여러분이 분명히 알 수 있을까요? 하나님 나라는, 어떤 사람이 자기 정원에 심은 겨자씨 낱알과 같습니다. 그 겨자씨가 자라 나무가 되고, 새들이 와서 그 가지에 둥지를 틉니다."

그런 다음 다시 말했다. "하나님 나라가 무엇과 같다고 말할 수 있을까요? 하나님 나라는, 어떤 여인이 밀가루 세 포대에 감추어 넣은 누룩과 같습니다. 적은 누룩이 온 반죽을 부풀어 오르게 합니다."

예수가 여러 성읍과 마을을 지나며 가르치면서, 예루살렘을 향해 갔다. 누군가가 예수에게 물었다. "주님, 겨우 몇 사람만 구원받습니까?"

그러자 예수가 그들에게 대답했다. "최선을 다해 좁은 문으로 들어가십시오. 여러분에게 분명히 말합니다. 많은 이들이 그렇게 하려고 하겠지만 성공하지 못할 것이기 때문입니다. 집주인이 일어나 문을 닫아버리면, 여러분은 밖에 서서 문을 두드리며 '주님, 제발 문을 열어주십시오'라고 소리칠 것입니다. 그러면 그가 '나는 당신이 누구인지, 어디서 왔는지 모릅니다'라고 대답할 것입니다. 여러분은 '그러나 우리는 주님과 함께 식사를 했고, 주님께서는 우리 동네에서 가르치셨습니다!'라고 항의할 것입니다. 그러나 그는 '당신에게 말합니다. 나는 당신이 어디서 왔는지 모릅니다. 물러가십시오. 당신들은 모두 악당들입니다!'라고 말할 것입니다. 이때 눈물과 쓰라린 후회가 있을 것입니다! 아브라함과 이삭과 야곱과 모든 예언자는 하나님 나라 안에 있는데 여러분은 밖으로 쫓겨나 있는 것을 볼 테니까요. 사람들이 동과 서에서, 남과 북에서 와서 하나님 나라에서 자기 자리에 앉을 것입니다. 지금 뒤에 있는 몇 사람이 그때 앞에 있을 것이고, 지금 앞에 있는 몇 사람이 그때 훨씬 뒤에 있을 것입니다."

바로 그때 바리새인들 몇이 와서 예수에게 말했다. "여기서 바로 빠져나가셔야 합니다. 헤롯이 선생님을 죽이려 합니다."

예수는 이렇게 대답했다. "가서 그 여우에게 이렇게 전해라. '오늘과 내일은 내가 귀신을 쫓아내고 병 고치는 일을 계속하다가 사흘째 되는 날에 일을 다 마치는 것을 누구든 볼 수 있을 것이다.' 그러나 나는 오늘과 내일, 그리고 그다음 날에도 계속 길을 가야 한다. 예언자가 예루살렘 밖에서 죽음을 맞이해서는 안 되기 때문이다!"

"아, 예루살렘아, 예루살렘아! 너는 네게 보낸 예언자들을 죽이고 전령들을 돌로 쳤다! 새가 새끼들을 자기 날개 아래로 모아들이듯이, 내가 몇 번이나 네 자녀들을 모으고자 열망했더냐. 그러나 너는 원하지 않았다. 이제 네가 남긴 것은 네 집뿐이다. 내가 네게 말한다. 네가 '주의 이름으로 오시는 이여, 복을 받으소서!'라고 외치는 날까지 나를 다시 보지 못할 것이다."

어느 안식일에 예수가 유력한 바리새인의 집에 식사를 하러 들어갔다. 그들은 예수를 주시하고 있었다. 예수 바로 앞에는 수종병에 걸린 사람이 있었다. 예수가 율법학자들과 바리새인들에게 물었다. "안식일에 병을 고치는 것이 옳은가, 아닌가?"

그러나 대답이 없었다. 그래서 예수가 그 사람을 고쳐서 돌려보냈다.

그런 다음 그들에게 말했다. "너희 중 누군가의 나귀나 소가 우물에 빠졌다면, 안식일이라 해도 조금도 주저하지 않고 구하지 않았겠느냐?"

이 말에도 그들은 아무 대답도 할 수 없었다.

그때 예수가 가장 좋은 자리를 고르는 손님들을 보고, 날카로운 조언을 했다. 예수가 그들에게 말했다. "결혼 피로연에 초대받으면, 가장 좋은 자리에 앉지 마십시오. 당신보다 더 중요한 사람이 초대받았을 수도 있습니다. 그러면 주인이 '죄송하지만 이분에게 자리를 양보해 주셔야겠습니다'라고 말할 것입니다. 그때 당신은 아주 쑥스러워하며 가장 낮은 자리에 앉아야 할 것입니다. 초대를 받으면, 눈에 잘 띄지 않는 자리에 앉으십시오. 그러면 주인이 와서 '친구여, 이리 오십시오. 여기 훨씬 좋은 자리에 앉으십시오'라고 말할 것입니다. 그렇게 해야 다른 손님들이 당신을 중요한 사람으로 여길 것입니다! <u>스스로</u> 중요하다 여기는 사람은 모두 덜 중요해지지만, <u>스스로</u> 덜 중요하다 여기는 사람은 자신이 중요한 줄 알게 될 것입니다."

그런 다음 예수가 주인에게 말했다. "그대는 점심이나 저녁 연회를 베풀 때, 친구나 형제나 친척이나 부유한 이웃들을 초대하지 마십시오. 그들은 그대를 다시 초대할 수 있고, 그러면 그대는 보답을 다 받기 때문입니다. 연회를 베풀 때, 가난한 이들, 신체장애인들, 다리 저는 이들, 눈이 먼 자들을 초대하십시오. 그래야 그대가 진짜 행복합니다. 그들은 그대에게 보답할 길이 없으므로, 그대는 부활 때 곧, 선한 사람들이 상을 받을 때 보답을 받을 것입니다."

그때 손님 하나가 예수의 이 말을 듣고 말했다. "하나님 나라에서 식사를 하는 사람은 정말 행복한 사람입니다!"

그러나 예수가 그에게 말했다. "옛날에 어떤 사람이 성대한 저녁 연회를 마련하고 아주 많은 사람을 초대했습니다. 연회 시간이 되어 그 사람은 종들을 보내어 초대받은 사람들에게 전했습니다. '오세요. 이제 준비가 다 되었습니다.' 그러나 그들은 모두 하나같이 핑계를 댔습니다. 첫 번째 사람이 그에게 말했습니다. '제가 땅을 조금 샀습니다. 그래서 가봐야 합니다. 부디 양해해주십시오.' 다른 사람이 말했습니다. '나는 황소를 다섯 쌍 샀는데 일도 시켜보고 소도 어떤지 보러 가는 중입니다. 부디 내 사과를 전해주십시오.' 또 다른 사람이 말했습니다. '나는 막 결혼을 했습니다. 분명 내가 갈 수 없다는 것을 이해해주실 것입니다.' 그래서 종이 돌아가 주인에게 이 모든 내용을 보고했습니다. 주인은 심히 노하여 종에게 말했습니다. '이제 시내의 거리와 골목으로 서둘러 가서 가난한 이들과 신체장애가 있는 이들과 눈먼 이들과 다리 저는 이들을 이리로 데려와라.' 그렇게 하고 나서 종이 말했습니다. '주인께서 말씀하신 대로 했지만, 아직도 빈자리가 있습니다.' 그러자 주인이 대답했습니다. '이제 큰길과 산울타리로 가서 사람들을 들어오게 하여 내 집을 가득 채워라. 내가 네게 말한다. 내가 초대한 사람들은 하나도 내 만찬을 맛보지 못할 것이다.'"

예수가 계속 길을 갈 때 큰 무리가 예수와 동행했다. 예수가 돌아서서 그들에게 말했다. "누구든 내게 올 때 아버지와 어머니와 아내와 자녀와 형제와 자매 그리고 자기의 목숨까지 '미워하지' 않으면 내 제자가 될 수 없습니다. 자기 십자가를 지고 내 발자취를 따르지 않을 사람은 내 제자가 될 수 없습니다.

만약 여러분 가운데 누군가가 고층 건물을 지으려 한다면, 먼저 앉아서 건물을 완성할 수 있을지 비용을 계산해보지 않겠습니까? 그렇게 하지 않으면, 기초는 놓았지만 건물을 완성하지 못해서, 보는 사람이 다 비웃으며 말할 것입니다. '공사를 시작해놓고 완성하지 못한 사람이 여기 있네!' 혹은 전쟁을 하려는 왕이 있다면, 만 명 군사로 상대 왕의 이만 명 군사와 싸울 수 있을지 먼저 심사숙고하지 않겠습니까? 만약 전쟁을 할 수 없다고 결정한다면, 상대 왕이 아직 멀리 떨어져 있을 때 사신을 보내어 화친을 청할 것입니다. 여러분도 마찬가지입니다. 자신의 모든 소유와 작별한 사람만이 내 제자가 될 수 있습니다.

소금은 아주 좋은 것이지만, 소금이 그 맛을 잃으면 어떻게 그 맛을 되찾겠습니까? 그런 소금은 땅에도 쓸모가 없고 거름으로도 쓸모가 없어, 그냥 버리게 됩니다. 들을 수 있으면 다 들으십시오!"

세금 징수원과 '버림받은 자'들이 다 예수가 하는 말을 들으려고 주변에 몰려들었다. 바리새인들과 율법학자들이 불평하며 말했다. "이 사람이 죄인들을 맞아들이고, 그들과 함께 식사도 하는구나."

그래서 예수가 이런 비유를 사용해 그들에게 말했다. "너희 가운데 한 사람이 양 백 마리를 기르다가 그중 하나를 잃어버리면 아흔아홉 마리를 밖에 두고 잃어버린 양 하나를 찾을 때까지 뒤쫓지 않겠느냐? 그래서 그 양을 찾으면 아주 기뻐하며 어깨에 메고 집에 오자마자 친구들과 이웃들을 불러 모아놓고, '같이 기뻐해주십시오. 잃어버렸던 내 양을 찾았습니다'라고 말할 것이다. 너희에게 말한다. 하늘에서도 이와 같다. 회개할 필요 없는 의인 아흔아홉보다 그 마음을 돌이킨 죄인 한 사람으로 인해 더 기뻐한다.

혹은 은화 열 개를 소유한 어떤 여인이 하나를 잃어버리면 등불을 들고 집 안을 쓸며 동전을 찾을 때까지 구석구석 뒤지지 않겠느냐? 그래서 그 동전을 찾으면 친구들과 이웃들을 불러 모아놓고, '같이 기뻐해주세요. 잃어버렸던 동전을 찾았습니다'라고 말할 것이다. 너희에게 말한다. 하늘에서도 이와 같다. 마음을 돌이킨 죄인 한 사람으로 인해 하나님의 천사들이 기뻐한다."

그런 다음 계속 말씀을 이어갔다. "어떤 사람에게 아들이 둘 있었다. 작은아들이 아버지에게 말했다. '아버지, 제가 상속받을 재산을 주십시오.' 그래서 아버지는 재산을 두 아들에게 나누어주었다. 얼마 지나지 않아 작은아들은 자기 재산을 다 모아 먼 나라로 떠났고, 거기서 방탕하게 살며 재산을 다 허비했다. 가진 돈을 다 써버렸을 무렵, 그 나라에 지독한 흉년이 들어 그는 돈에 쪼들리기 시작했다. 그래서 그 나라에 사는 어떤 사람을 찾아가서 일거리를 얻었다. 그 사람은 그를 들로 보내어 돼지를 치게 했다. 그는 돼지가 먹는 곡물 겉껍질로 배를 채우고 싶은 지경까지 갔지만, 누구도 그에게 먹을 것을 주지 않았다. 그제야 그는 제정신이 들어 큰 소리로 외쳤다. '아버지의 일꾼 수십 명은 먹고도 남을 양식이 있는데 나는 여기서 굶어 죽는구나! 일어나 아버지에게 돌아가, "아버지, 나는 하늘과 아버지 앞에서 몹쓸 짓을 했습니다. 나는 더 이상 아들 자격이 없으니 나를 아버지의 일꾼으로 삼아주세요"라고 말해야겠다.' 그래서 그는 일어나 아버지에게 갔다. 그가 아직 멀리 있는데도 아버지가 그를 보고 가여운 마음이 들어 달려가 목을 껴안고 입을 맞추었다. 그러나 아들은 말했다. '아버지, 나는 하늘과 아버지 앞에서 몹쓸 짓을 했습니다. 나는 더 이상 아들 자격이 없으니….' 아버지는 종들에게 큰 소리로 말했다. '서둘러라! 가장 좋은 옷을 가져와서 이 아이에게 입혀라! 손가락에 반지를 끼우고 발에 신을 신겨라. 살진 송아지를 잡아라. 우리는 축하 잔치를 할 것이다! 이 아이는 내 아들이다. 죽었다가 다시 살아온 아들이다. 잃어버렸다가 이제 다시 찾았다!' 그래서 그들은 잔치를 벌이기 시작했다.

그런데 그의 큰아들이 밭에 나가 있다가 집에 가까이 왔을 때쯤, 음악 소리와 춤추는 소리를 들었다. 그래서 종 하나를 불러 무슨 일인지 물어보았다. '동생분이 돌아왔습니다. 동생분이 다시 무사히 집에 돌아와서 주인께서 살진 송아지를 잡으셨습니다' 하고 종이 대답했다. 그러나 큰아들은 몹시 화가 나서 집 안으로 들어가려 하지 않았다. 그래서 아버지가 밖으로 나와서 간청했다. 그러자 그가 갑자기 소리를 질렀다. '제가 몇 년 동안이나 아버지를 위해 종처럼 일하고 아버지의 명령은 단 하나도 어긴 적이 없는데, 아버지는 제가 친구들과 연회를 하도록 염소 새끼 하나 주신 일이 없지 않습니까? 그런데 아버지의 작은아들, 창녀들에게 아버지의 돈을 다 써버린 작은아들이 돌아왔다고 살진 송아지를 잡으시다니요!' 그러나 아버지가 대답했다. '사랑하는

'잃어버린 자'들을 향한 하나님의 사랑을 말하다

아들아, 너는 늘 나와 함께 있었고, 내가 가진 모든 것이 네 것이다. 그러나 우리는 축하하고 기뻐해야 한다. 이 아이가 네 동생이니 말이다. 네 동생은 죽었다가 살아왔다. 우리가 잃어버렸다가 이제 다시 찾았다!'"

그러고 나서 예수가 제자들에게 이런 이야기를 해주었다. "어떤 부자가 있었는데, 관리인이 그의 재산을 잘못 관리한다는 말을 들었다. 그래서 관리인을 불러서 말했다. '내가 자네에 관해 들은 말이 대체 무슨 소린가? 자네가 내 재산을 어떻게 관리해왔는지 다 설명하게. 자네는 더 이상 내 살림을 맡아 관리할 수 없네.' 이 말을 들은 관리인은 속으로 말했다. '주인이 이 관리 업무를 못하게 하려 하는구나. 이제 어쩌지? 밭을 갈 힘도 없고, 구걸할 정도로 바닥으로 갈 수도 없고…. 아, 뭘 해야 할지 알겠어. 그렇게 하면 내가 직장을 잃어도 사람들이 나를 자기 집으로 맞아들여줄 거야!' 그래서 그는 주인의 채무자들을 하나씩 불러, 먼저 온 사람에게 이렇

게 말했다. '내 주인에게 얼마를 빚졌습니까?' 그는 '기름 백 통입니다' 하고 대답했다. 그러자 관리인은 '여기 당신의 청구서를 가지고 앉아서 빨리 오십 통이라고 쓰십시오' 하고 말했다. 그런 다음 다른 사람에게 '당신의 빚은 어느 정도요?' 하고 물었다. 그는 '밀 천 포대입니다' 하고 대답했다. 관리인은 '당신의 청구서를 가지고 가서 팔백 포대라고 쓰십시오' 하고 말했다. 그러자 주인은 이 교활한 관리인을 칭찬했다. 그가 아주 철저하게 자기 미래를 준비했기 때문이다. 현 시대를 상대하는 면에서는 세상의 자녀들이 빛의 자녀들보다 훨씬 더 능숙하다. 이제 너희를 향한 내 조언은, 돈이 오염되긴 했지만 친구를 사귀는 데 '돈'을 쓰라는 것이다. 그래야 끝 날이 올 때 그들이 너희를 영원한 집으로 맞아들일 것이다.

작은 일에 성실한 사람은 큰일에도 성실할 것이고, 작은 일을 속이는 사람은 큰일도 속일 것이다. 그러므로 만약 너희가 이 세상의 불의한 재물을 다루는 데서 신임을 얻지 못한다면, 누가 너희에게 진짜 재물을 맡기겠느냐? 만약 너희가 남의 재산을 맡았을 때 신뢰받지 못한다면, 누가 너희에게 너희 몫을 주겠느냐? 어떤 종도 두 주인을 섬길 수는 없다. 한 주인을 미워하고 다른 주인을 사랑하거나, 한 주인에게 충성하고 다른 주인은 경시한다. 너희는 하나님과 돈의 권세를 동시에 섬길 수 없다."

돈을 아주 좋아했던 바리새인들은 이 모든 말을 듣고는 비웃었다. 그러나 예수가 그들에게 말했다. "너희는 사람들 앞에서 너희가 선하다고 광고하는 사람들이다. 그러나 하나님은 너희 마음을 아신다. 기억해라. 사람들이 화려하다고 여기는 것들이 하나님 보시기에는 혐오스러운 것이다!

율법과 예언자는 요한의 때까지 제 역할을 했다. 그때부터는 하나님의 기쁜 소식이 선포되었고, 모든 사람이 그곳으로 침범해 들어가려고 하고 있다.
그러나 율법의 점 하나가 죽은 문자가 되는 것보다는, 하늘과 땅이 사라지는 것이 더 쉬울 것이다.

아내와 이혼하고 다른 여자와 결혼하는 남자는 간음을 범하는 것이다. 또 남편에게 이혼당한 여자와 결혼하는 남자도 마찬가지다.

옛날에 보라색 옷과 좋은 삼베옷을 즐겨 입고 날마다 호화로운 생활을 하던 부자가 있었다. 그 집 대문 앞에는 나사로라는 가난한 사람이 버려져 있었다. 그의 몸은 상처투성이였다. 나사로는 부자의 상에서 나오는 음식 찌꺼기라도 먹었으면 하는 마음이 간절했다. 개들이 와서 그의 상처를 핥곤 했다. 가난한 나사로가 죽자 천사들이 그를 아브라함의 품으로 데리고 갔다. 부자도 죽어 땅에 묻혔다. 부자가 죽은 자들이 있는 곳에서 고통스러워하며 올려다보니 저 멀리 아브라함이 보였고 그의 품에 나사로가 있었다. 그가 소리쳤다. '아브라함 조상님, 부디 나를 불쌍히 여겨주십시오! 나사로의 손가락 끝에 물을 적셔 내 혀를 시원하게 해주십시오. 나는 이 불길 속에서 심히 고통스럽습니다.' 그러나 아브라함이 대답했다. '아들아, 기억해라. 나사로가 고통스럽게 지내는 동안 너는 평생 좋은 것들을 누리며 살았다. 그래서 그는 여기서 위로를 받고, 너는 심한 고통을 받는 것이다. 더구나 너와 우리 사이에는 크고 깊은 수렁이 있어, 이쪽에서 너에게 가고 싶어도 갈 수 없고 너희 쪽에서도 우리에게 올 수 없다.' 이 말을 듣고 그가 말했다. '그러면 조상님, 나사로를 내 아버지 집으로 보내주시기를 간청합니다. 내게는 다섯 형제가 있습니다. 나사로가 그들에게 경고하면 그들은 고통이 극심한 이곳에 오지 않을 것입니다.' 그러나 아브라함은 말했다. '그들에게는 모세와 예언자가 있다. 그들은 그들의 말을 들으면 된다.' 그는 '아닙니다. 아브라함 조상님, 죽은 자가 가서 말해야 그들이 완벽하게 돌이킬 것입니다'라고 말했다. 그러나 아브라함은 그에게 말했다. '모세와 예언자의 말을 듣지 않는다면, 죽은 자가 살아난다 해도 그들은 믿지 않을 것이다.'"

그러고 나서 예수는 제자들에게 말했다. "함정은 있을 수밖에 없지만, 그 함정을 파는 이들이 가엾구나! 이 작은 자 하나를 넘어뜨리느니, 차라리 자기 목에 맷돌을 매고 바다에 빠지는 편이 나을 것이다. 그러므로 조심하며 살아라. 만약 형제가 너희에게 죄를 지으면, 그를 호되게 꾸짖어라. 그래서 그가 잘못했다고 시인하면

용서해주어라. 그가 하루에 일곱 번 잘못하고 너희에게 일곱 번 '미안해'라고 해도 그를 용서해주어라."

그러자 사도들이 주에게 말했다. "우리에게 믿음을 더 주십시오."

그러자 예수는 대답했다. "너희 믿음이 겨자씨 낱알 크기만큼만 되어도, 이 뽕나무한테 '뿌리째 뽑혀서 바다에 심겨라'라고 말할 수 있고 그러면 그 뽕나무가 너희에게 순종할 것이다!

너희에게 밭을 갈거나 양을 보살피는 종이 있다면, 너희는 그가 밭에서 돌아왔을 때 '어서 와서 밥부터 먹어라'라고 말할 것 같으냐? 오히려 이렇게 말하지 않겠느냐? '내 저녁 준비를 하거라. 옷을 갈아입고, 내가 먹고 마시는 동안 내 시중을 들어라. 그런 다음 너는, 내가 다 먹고 나면 먹어라.' 너희는 너희 종이 시키는 대로 했다고 해서 고마워하느냐? 나는 그렇게 생각지 않는다. 너희도 마찬가지다. 너희가 들은 대로 다 행해도, 너희는 '우리는 부족한 종입니다. 우리는 해야 할 일을 했을 뿐입니다'라고 말해야 한다."

예수가 예루살렘으로 가는 길에 사마리아와 갈릴리 경계를 지나고 있었다. 예수가 한 마을에 가까이 갔을 때 나병 환자 열 명을 만났다. 그들은 일정한 거리를 두고 큰 소리로 말했다. "예수님, 선생님, 우리를 불쌍히 여겨주십시오!"

예수가 그들을 보고 말했다. "가서 제사장들에게 그대들의 몸을 보여주게."

그래서 그들은 가는 길에 고침을 받았다. 그들 중 한 명은 자신이 나은 것을 알고 되돌아와서 목소리를 높여

예수가 나병 환자 열 명을 고쳤으나 한 명만이 감사를 표하다

하나님을 찬양한 다음, 예수 앞에 엎드려서 감사를 드렸다. 그는 사마리아인이었다. 이 말을 듣고 예수가 말했다. "열 명이 낫지 않았소? 나머지 아홉은 어디에 있소? 이 이방인 외에는 돌아와서 하나님을 찬양하려 한 사람이 아무도 없는 것이오?"

그리고 나서 예수가 그 사람에게 말했다. "이제 일어나 가게. 그대의 믿음이 그대를 낫게 했네."

그 후에 바리새인들이 예수에게 하나님 나라가 언제 오느냐고 묻자, 예수는 그들에게 이렇게 대답했다. "하나님 나라는 그 나라의 표징을 찾는다고 해서 얻을 수 있는 것이 아니다. 사람들이 '보아라, 여기 있다'라거나 '저기 있다'고 말할 수 없다. 하나님 나라는 너희 안에 있기 때문이다."

그때 예수가 제자들에게 말했다. "너희가 인자의 날을 단 하루라도 다시 보기를 열망할 때가 오겠지만, 너희는 보지 못할 것이다. 사람들이 너희에게 '보아라, 저기 있다'라거나 '보아라, 여기 있다'고 말할 것이다. 그러나 너희는 너희가 있는 그곳에 그대로 있고 그들을 따라가지 마라! 인자의 날은 번개가 하늘 끝에서 다른 끝까지 번쩍이는 것 같을 것이기 때문이다. 그러나 그 일이 일어나기 전에 인자가 많은 고난을 겪고 이 세대에게 철저하게 버림을 받아야 한다. 인자가 오는 때에 삶은 노아의 때와 같을 것이다. 노아가 방주로 들어간 그날까지, 사람들은 먹고 마시고 장가가고 시집가고 있었다. 그런 다음 홍수가 와서 그들을 다 말살시켰다. 그때는 롯의 때와도 같을 것이다. 사람들은 먹고 마시고 사고팔고 심고 세웠지만, 롯이 소돔을 떠나던 날, 하늘에서 불과 유황이 비처럼 내려 그들을 다 말살시켰다. 인자가 나타나는 날에도 그러할 것이다. 그날이 오면, 지붕 위에 있는 사람은 재산이 집 안에 있더라도 그것들을 가지러 내려가지 마라. 밭에 나가 있는 사람은 무언가를 가지러 되돌아오지 마라. 롯의 아내에게 어떤 일이 있었는지 기억해라. 자기 생명을 보존하고자 하는 이는 누구든 잃을 것이고, 생명을 잃을 준비가 되어 있는 이는 보존할 것이다. 내가 너희에게 말한다. 그 밤에 한 침대에서 두 사람이 자고 있어도, 한 사람은 데려가고 다른 한 사람은 남을 것이다. 두 여인이 함께 맷돌을 갈고 있어도, 한 여인은 데려가고 다른 한 여인은 남을 것이다."

그들이 예수에게 물었다. "그런데, 주님, 어디에서 그런 일이 일어납니까?"

예수는 "시체가 있는 곳마다 독수리들이 모인다"라고 대답했다.

그러고 나서 예수는 항상 기도하고 절대 낙담하지 말아야 한다며 실례를 들어주었다. "옛날에 어떤 도시에 하나님도 두려워하지 않고 동료들도 존중하지 않는 판사가 있었다. 그 도시에 한 과부가 살았는데, 판사를 계속 찾아가서 '제발 저를 파멸시키려 하는 사람에게서 저를 보호해주십시오'라고 말했다. 판사는 과부의 요청을 오랫동안 거절했다. 그러나 한참 뒤에 속으로 이렇게 말했다. '내가 하나님도 두려워하지 않고 사람들도 존중하지 않지만, 이 여자가 이렇게 성가시게 하니 이 여자를 위해 판결을 내려야겠다. 그러지 않으면 이 여자가 계속

찾아와서 내가 죽을 것 같다!'"

그런 다음 주가 말했다. "이 불성실한 판사가 어떻게 행동했는지 눈여겨보아라. 하나님이 아무리 참을성이 있다 해도, 자신이 택한 백성들이 밤낮으로 호소하는데, 정의를 행하시지 않을 것 같으냐? 너희에게 분명히 말한다. 하나님은 지체하지 않고 정의를 행하실 것이다. 그러나 인자가 올 때 땅에서 그를 믿는 사람들을 찾을 수 있겠느냐?"

그러고 나서 예수는, 자기들은 선하다고 믿으며 다른 사람들을 업신여기는 이들에게 실례를 들어주었다. "두 사람이 성전에 기도하러 올라갔는데, 한 사람은 바리새인이고 다른 사람은 세금 징수원이었다. 바리새인은 서서 혼자 이렇게 기도했다. '오, 하나님, 제가 다른 사람들, 곧 탐욕스럽고 부정직하고 순결하지 못한 사람들과 같지 않아서, 더욱이 저쪽에 있는 저 세금 징수원과 같지 않아서 감사합니다. 저는 매주 두 번씩 금식하고, 제 수입의 십일조를 드립니다.' 그러나 세금 징수원은 멀리 떨어진 구석에 서서 감히 하늘을 올려다보지도 못하고 몸으로 절망을 표현하며 말했다. '하나님, 저 같은 죄인을 긍휼히 여겨주십시오.' 너희에게 분명히 말한다. 하나님 앞에서 의롭다고 인정을 받은 사람은 다른 사람이 아닌, 바로 그였다. 스스로를 대단하다 여기는 사람은 모두 보잘것없는 사람이 되고, 스스로를 보잘것없다고 여기는 사람은 대단한 사람이 될 것이다."

그때 사람들이, 예수에게 손을 얹어달라며 아기들을 데려오기 시작했다. 그러나 제자들은 그들에게 눈살을 찌푸렸다. 예수는 그들을 가까이 불러 말했다. "어린아이들이 내게 오도록 둬라. 아이들이 오는 것을 막지 마라. 하나님 나라는 이런 어린아이들의 것이다. 내가 너희에게 말한다. 어린아이처럼 하나님 나라를 받아들이지 않는 사람은 절대 그 나라에 들어가지 못한다."

그때 유대 지도자 한 사람이 예수에게 이렇게 물었다. "선생님, 저는 선생님이 선하심을 압니다. 영원한 삶을 확신하려면 무엇을 해야 하는지 제발 알려주십시오."
예수가 대답했다. "그대가 왜 나를 선하다고 하는지

모르겠군요. 선한 사람은 아무도 없습니다. 오직 한 분 하나님만이 선하십니다. 그대는 지켜야 할 계명들을 알고 있습니다.

'간음하지 마라.

살인하지 마라.

도둑질하지 마라.

거짓 증언하지 마라.

네 아버지와 어머니를 공경해라.'"

그가 대답했다. "저는 아주 어렸을 때부터 이 모든 계명을 정성을 다해 지켰습니다."

예수가 그 말을 듣고 그에게 말했다. "아직도 그대가 놓치고 있는 게 하나 있습니다. 그대가 소유한 모든 것을 팔아 그 돈을 가난한 이들에게 주세요. 그러면 하늘에서 부유한 자가 될 겁니다. 그런 다음 와서 나를 따르세요."

그러나 그는 이 말을 듣고 심히 괴로워했다. 큰 부자였기 때문이다.

예수가 그의 표정이 어두워지는 것을 보고 말했다. "소유가 아주 많은 사람은 하나님 나라에 들어가기가 정말 어렵다! 부자가 하나님 나라에 들어가는 것보다는 낙타가 바늘귀를 간신히 빠져나가는 것이 더 쉽다."

예수가 이렇게 말하는 것을 들은 사람들이 소리쳤다. "그러면 누가 구원을 받을 수 있겠습니까?"

예수가 대답했다. "사람은 할 수 없지만 하나님은 하실 수 있다."

베드로가 대답했다. "우리는 우리가 가진 모든 것을 버려두고 선생님을 따랐습니다."

그러자 예수가 그들에게 말했다. "장담하건대, 하나님 나라를 위해 집이든 아내든 형제든 부모든 자녀든 버린 사람은 이생에서 훨씬 많이 받고, 오는 세상에서 영원한 삶도 받을 것이다."

그런 다음 예수는 열두 제자를 한쪽으로 데리고 가서 말했다. "내 말을 잘 들어라. 우리는 지금 예루살렘으로 올라가고 있다. 예언자들이 인자에 대해 기록한 모든 일이 이루어질 것이다. 이교도들이 인자를 넘겨받아 조롱하고 모욕하고 침을 뱉을 것이다. 그런 다음 그들이 그를 채찍질하고 죽일 것이다. 그러나 인자는 사흘 만에 다시 살아날 것이다."

그러나 그들은 이 말을 전혀 이해하지 못했다. 예수의 말이 너무 모호하여 그 말의 의미를 알지 못했다.

그러고 나서 예수가 여리고 가까이 갔을 때, 눈먼 사람 하나가 길가에 앉아 구걸을 하고 있었다. 그는 무리가 지나가는 소리를 듣고, 무슨 일인지 물어보았다. 그들은 "나사렛 사람 예수가 당신 옆을 지나가고 있소"라고 말했다. 그러자 그가 소리쳤다. "다윗의 자손 예수여, 나를 불쌍히 여겨주십시오!"

앞에 있던 이들은 그를 조용히 시키려 했다. 그러나 그는 오히려 더 크게 소리를 질렀다. "다윗의 자손이여, 나를 불쌍히 여겨주십시오!"

그러자 예수는 꼼짝도 하지 않고 서서 그 사람을 데려오라고 말했다. 그가 꽤 가까이 왔을 때 예수가 그에게 말했다. "내가 그대에게 무엇을 해주기를 원하나요?"

그는 "주님, 다시 보게 해주세요" 하고 외쳤다.

예수가 다시 대답했다. "이제 다시 볼 수 있습니다!

그대의 믿음이 그대를 낫게 했습니다."

그러자 즉시 그는 다시 보게 되었고, 하나님을 찬양하며 예수를 따라갔다. 그 광경을 본 사람들도 다 하나님께 감사를 드렸다.

예수가 여리고로 들어가 그곳을 지나고 있었다. 그곳에는 세무서장인 삭개오라는 부자가 있었는데, 그는 예수가 어떤 사람인지 보고 싶었다. 그러나 키가 아주 작아서 무리에 둘러싸인 예수를 볼 수 없었다. 그래서 예수가 지나갈 길을 앞서 달려가서 무화과나무 위로 올라갔다. 예수가 그곳에 도착해 올려다보며 그에게 말했다. "삭개오, 빨리 내려오게. 내가 오늘 그대의 손님으로 가야겠네."

그래서 삭개오는 재빨리 내려와서 기쁘게 예수를 맞아들였다.

그러나 구경꾼들은 못마땅해하며 불평했다. "이제 그가 진짜 죄인의 집에 묵으러 가는구나."

그러나 삭개오는 서서 주에게 말했다. "보십시오, 주님. 제 재산의 절반을 가난한 이들에게 주겠습니다. 또 누구에게든 사취한 일이 있다면 네 배로 갚겠습니다."

예수가 그에게 말했다. "오늘 구원이 이 집에 이르렀다! 삭개오는 아브라함의 자손이며, 인자는 잃어버린 자를 찾아 구원하러 왔다."

그때 무리가 여전히 주의를 집중해 듣고 있을 때, 예수가 그들에게 계속 이런 비유를 들려주었다. 예수가 예

세무서장이 회심하여 예수를 믿다

루살렘에 가까이 왔으므로 그들은 하나님 나라가 곧 나타나리라고 생각했기 때문이다. "옛날에 명문가에 속한 한 사람이 왕위를 받아 오려고 외국으로 가게 되었습니다. 그는 종 열 명을 불러 각각 천만 원씩 주며 말했습니다. '내가 돌아올 때까지 이 돈으로 사업을 해라.' 그러나 시민들은 그를 몹시 싫어해서, 뒤따라 대표단을 보내어 말했습니다. '우리는 이 사람을 우리 왕으로 삼지 않을 겁니다.' 그러고 나서 그는 왕위를 받고 돌아와서, 돈을 맡겼던 종들을 불렀습니다. 그들이 이익을 얼마나 냈는지 알아보려는 것이었습니다.

첫 번째 종이 그 앞에 와서 말했습니다. '폐하, 제게 주신 천만 원으로 일억 원을 벌었습니다.' 그는 '정말 훌륭하구나, 착한 종아, 이 적은 돈으로 네가 믿을 만함을 증명했으니, 너에게 도시 열 개를 맡기겠다' 하고 말했습니다. 두 번째 종이 와서 말했습니다. '폐하, 주신 천만 원으로 오천만 원을 벌었습니다.' 그러자 그가 종에게 말했습니다. '잘했다. 너를 다섯 도시를 다스리는 자로 임명한다.' 마지막 종이 와서 말했습니다. '폐하, 여기 주신 천만 원이 있습니다. 저는 그것을 보자기로 잘

싸서 보관해두었습니다. 저는 두려웠습니다. 폐하께서는 아무것도 없는 데서 무언가를 얻고, 심지 않은 데서 거두시는, 엄한 분임을 알기 때문입니다.'

그 말에 그가 대답했습니다. '불한당 같으니라고. 너는 너의 말대로 책망을 받을 것이다! 너는 내가 아무것도 없는 데서 무언가를 얻고, 심지 않은 데서 거두는 엄한 사람인 줄 잘 알고 있었단 말이지? 그렇다면 왜 내 돈을 은행에 맡기지 않았느냐? 그러면 내가 돌아왔을 때 그 돈과 이자를 돌려받을 수 있었을 텐데.' 그가 옆에 서 있는 사람들에게 말했습니다. '그의 천만 원을 빼앗아 일억 원을 가진 이에게 주어라.'

'그러나 폐하, 그에게는 이미 일억 원이 있습니다' 하고 그들이 왕에게 밀했습니다. 그가 대답했습니다. '그렇다. 내가 너희에게 말한다. 가진 사람은 더 받을 것이다. 그러나 아무것도 없는 사람은 그 "없는 것"마저 빼앗길 것이다. 내가 왕이 되는 것을 반대한 원수들을 이리로 끌어내어, 내 앞에서 그들을 처형해라.'"

예수는 이 말을 한 후에 예루살렘을 향해 앞장서 올라갔다.

4부

그때 예수가 올리브 산 인근 벳바게와 베다니에 이르렀을 때, 제자 둘을 보내며 말했다. "바로 앞에 보이는 마을로 들어가면, 아직 아무도 타지 않은 새끼 나귀 한 마리가 줄에 묶여 있을 것이다. 그 새끼 나귀를 풀어서 이리로 가져와라. 누가 너희에게 '왜 나귀를 푸는 거요?' 하고 물으면 그저 '주께서 쓰신 답니다'라고 말하면 된다."

그래서 먼저 보낸 몇 사람이 마을에 들어가서 예수가 말한 대로 그것을 찾았다. 또한 실제로 그들이 새끼 나귀의 줄을 풀고 있을 때 주인들이 '왜 나귀를 푸는 거요?'라고 말했고, 그들은 '주께서 쓰신답니다'라고 대답했다. 그렇게 그들이 새끼 나귀를 예수에게 데려와서 등에 겉옷을 걸쳤고, 예수는 나귀 등에 올라탔다. 예수가 새끼 나귀를 타고 가자, 사람들이 겉옷을 벗어서 길에 펼쳐놓았다. 예수가 그 도성 가까이, 곧 올리브 산에서 내려오는 길에 이르자, 제자들 무리 전체가 기뻐하며 그들이 본 온갖 놀라운 일들로 인해 하나님께 큰 소리로 찬양을 드렸다.

그들은 이렇게 소리쳤다. "하나님, 주의 이름으로 오시는 왕에게 복을 주소서! 하늘에는 평화, 높은 곳에는 영광!"

무리 가운데 있던 바리새인들이 예수에게 말했다. "선생님, 당신의 제자들을 자제시키세요!"

그 말에 예수가 대답했다. "너희에게 말한다. 그들이 조용하면 길의 돌들이 환호성을 지를 것이다!"

예수가 그 도성에 훨씬 더 가까이 왔을 때 그 도성을 보고 슬피 울며 말했다. "아, 너의 평화가 어디에 달려 있는지, 이 마지막 기회에라도 알았더라면 좋았을 텐데. 그런데 너는 그것을 알지 못하는구나. 너의 원수가 성벽을 둘러싸고, 너를 포위하고, 사방에서 너를 에워쌀 것이다. 또 그들이 너와 네 자녀들을 모두 땅에 내던질 것이다. 그들은 쌓여 있는 돌 하나 없게 할 것이다. 이는 하나님이 너를 찾아오셨는데도 네가 알아보지 못했기 때문이다!"

그러고 나서 예수는 성전 안으로 들어가서 그곳에 있는 상인들을 쫓아내기 시작했다. 예수가 그들에게 말했다. "'내 집은 기도의 집이 되리라'라고 기록되어 있는데 너희는 그것을 도둑의 소굴로 바꿔버렸다!"

그러고 나서 예수는 날마다 성전에서 가르쳤다. 대제사장들과 율법학자들과 백성의 지도자들은 줄곧 예수를

예수가 성전을 깨끗하게 하다

죽일 기회를 찾고 있었다. 그러나 사람들이 모두 그의 말씀에 의지하고 있어서, 그들은 그렇게 할 방도를 찾을 수 없었다.

그러던 어느 날 예수가 성전에서 가르치며 기쁜 소식을 선포하고 있을 때, 대제사장들과 율법학자들과 장로들이 단합하여 예수와 정면으로 맞서서 예수에게 직접적으로 물었다. "당신이 누구의 권한으로 행하는지, 누가 당신에게 이런 권한을 주었는지 말해주시오."

예수가 대답했다. "나도 너희에게 하나 묻겠다. 요한의 세례가 하늘에서 온 것이냐, 아니면 순전히 사람에게서 나온 것이냐? 말해 보아라."

이 말을 듣고 그들은 언쟁을 시작하며 말했다. "'하늘에서 온 것'이라고 말하면, 그는 '그러면 너희는 왜 그를 믿지 않았냐?'라고 할 것이다. 하지만 '순전히 사람에게서 나온 것'이라고 말하면, 사람들이 우리를 돌로 쳐 죽일 것이다. 요한을 예언자로 확신하고 있으니 말이다."

그래서 그들은 어디서 온 것인지 모르겠다고 대답했다.

예수가 다시 답했다. "그러면 나도 무슨 권한으로 내 일을 하는지 너희에게 말하지 않겠다."

그런 다음 예수가 사람들에게 돌아서서 이 비유를 말했다. "어떤 사람이 포도원을 세운 다음, 농부들에게 세를 주고 한동안 외국으로 떠났습니다. 수확철이 다가오자 그는 자기 몫의 소출을 받으려고 농부들에게 종을 보냈습니다. 그러나 농부들은 종을 때린 다음 빈손으로 돌려보냈습니다. 그래서 그가 다른 종을 보냈지만, 그 역시 때리고 치욕스럽게 학대하고는 빈손으로 돌려보냈습니다. 그래서 그가 세 번째 종을 보냈지만, 그에게도 심한 상처를 입힌 다음 쫓아냈습니다. 그러자 포도원 주인이 말했습니다. '이제 어떻게 하지? 아주 소중한 내 아들을 보내야겠다. 그들이 내 아들은 존중하겠지.' 그러나 농부들은 아들을 보고 함께 의논하며 말했습니다. '이 녀석은 상속자다. 어서 그를 죽이자. 그러면 재산은 다 우리 것이다!' 그래서 그들은 아들을 포도원 밖으로 쫓아내어 죽였습니다. 그러면 주인이 그들에게 어떻게 할 것 같습니까? 그는 와서 그의 포도원에서 일하던 사람들을 죽이고 그것을 다른 사람들에게 넘겨줄 것입니다."

그들이 이 말을 듣고 말했다. "제발 그런 일이 없기를!"

그러나 예수는 그들의 눈을 똑바로 쳐다보며 말했다. "그렇다면 이 성경 말씀의 의미가 무엇이냐?

건축자들이 버린 돌,
그 돌이 모퉁이의 머릿돌이 되었다.

그 돌 위에 떨어지는 사람은 산산조각 날 것이고, 돌이 그 위에 떨어지는 사람은 으스러져 가루가 될 것이다."

율법학자들과 대제사장들은 그 순간 예수를 붙잡고 싶은 마음이 간절했다. 그러나 그들은 백성들이 두려웠다. 그들은 예수의 비유가 자신들을 가리키는 줄 아주 잘 알았다. 그러나 그들은 예수를 지켜보다가, 무리 속으로 첩자 몇을 보내어 정직한 사람인 척하면서, 예수의 말에서 죄를 뒤집어씌울 만한 말을 찾게 했다. 그 말로 권세와 권력을 가진 총독에게 예수를 넘겨주려는 것이었다.

첩자들이 예수에게 물었다. "선생님, 우리는 선생님이 말씀하시고 가르치시는 것이 옳음을 압니다. 또 두려움이나 편애 없이 진실하게 하나님의 도를 가르치심을 압니다. 그러면 황제에게 세금을 내는 것이 옳습니까, 옳지 않습니까?"

그러나 예수는 그들의 속셈을 간파하고 말했다. "동전을 하나 보자. 여기에 누구의 얼굴이 있으며 누구의 이름이 새겨져 있느냐?"

그들은 "황제입니다"라고 말했다.

예수가 대답했다. "그러면 황제의 것은 황제에게 바치고, 하나님의 것은 하나님께 드려라."

예수의 대답은, 공개적으로 그를 반내릴 만힌 어떤 빌미도 주지 않았다. 사실 그들은 그의 대답에 깜짝 놀라서 더 할 말이 없었다.

그때 (부활 같은 것은 아예 없다고 부인하는) 사두개인들

몇이 와서 예수에게 물었다. "선생님, 모세가 성경에서 우리에게 말하기를, '형이 자식을 낳지 못하고 죽으면 아우가 형수와 결혼해서 가문을 이어야 한다'고 했습니다. 그런데 일곱 형제가 있었습니다. 첫째가 결혼하여 자식을 낳지 못하고 죽어, 둘째가 그 형수와 결혼했고, 둘째도 죽어 셋째가 그 형수와 결혼했습니다. 사실상 일곱이 다 그 형수와 결혼하여 자식을 남기지 못하고 죽었습니다. 마지막으로 그 여인도 죽었습니다. 그렇다면 '부활' 때에 그 여인은 이 일곱 남자 중 누구의 아내가 됩니까? 그 여인이 그들 모두의 아내였으니 말입니다."

예수가 대답했다. "이 세상 사람들은 장가도 가고 시집도 간다. 그러나 저 세상에 들어가기에 합당한 자로 여김을 받은 이들, 곧 죽었다가 살아나는 이들은 장가도 가지 않고 시집도 가지 않는다. 그들은 더 이상 죽지 않고 천사처럼 산다. 부활의 자녀들이므로 하나님의 아들들이기 때문이다. 그러나 죽은 자들이 살아난다는 사실은, 심지어 모세가 떨기나무 이야기에서 주님을 아브라함의 하나님, 이삭의 하나님, 야곱의 하나님으로 부를 때도 사실로 드러났다. 하나님은 죽은 자의 하나님이 아니라 살아 있는 이들의 하나님이다. 그분께는 모든 사람이 살아 있다."

이 말을 듣고 율법학자 몇이 대답했다. "선생님, 훌륭한 대답입니다."

그러자 실제로 누구도 예수에게 더 이상 질문할 용기가 없었다. 그러나 예수는 말을 이어나갔다. "너희는 어떻게 그리스도를 다윗의 자손이라고 말할 수 있느냐? 다윗이 시편에서 직접 이렇게 말했다.

> 주께서 내 주께 말씀하셨다.
> 내가 네 원수들을 네 발의 발받침으로 만들 때까지
> 너는 내 오른편에 앉아 있어라.

다윗은 분명 그를 '주'라 부른다. 그렇다면 그가 어떻게 다윗의 자손일 수 있겠느냐?"

그때 모든 사람이 듣고 있었을 때, 예수가 제자들에게 말했다. "율법학자들을 조심해라. 그들은 긴 옷 입고 돌아다니기를 즐기고, 사람들에게 공개적으로 인사받는 것을 좋아하고, 회당에서는 앞자리에 연회에서는 상석에 앉는 것을 좋아한다. 그러나 그들은 항상 과부의 재산에 빌붙어 살면서 긴 기도로 그 사실을 가린다. 이 사람들은 더 깊은 지옥을 향해 갈 뿐이다."

그러고 나서 예수가 부자들이 헌금함에 헌금 넣는 것을 올려다보다가, 한 가난한 과부가 동전 두 개 넣는 것을 주목해서 보고는 그것에 대해 언급했다. "너희에게 분명히 말한다. 이 가난한 과부가 그들 모두보다 더 많이 헌금했다. 그들은 수월하게 할 수 있는 만큼 넣었지만, 이 여인은 가난한 가운데서 생활비 전부를 드렸기 때문이다."

그때 몇몇 제자가 성전에 관해 이야기하며, 훌륭한 석조 건물의 아름다움과 사람들이 바친 다양한 장식품들을 언급하자, 예수가 말했다. "너희는 오늘 이 모든 것을 바라볼 수 있지만, 쌓여 있는 돌이 단 하나도 남지 않고 다 무너질 때가 올 것이다."

그래서 그들이 예수에게 물었다. "선생님, 이 일이 언제 일어나겠습니까? 이 모든 일이 일어나리라는 어떤 징조가 있겠습니까?"

예수가 대답했다. "속지 않도록 조심해라. 많은 이들이 내 이름으로 와서 '내가 그다'라고 하고, '이제 때가 아주 가까이 왔다'라고 할 것이다. 절대 그런 사람들을 따라가지 마라. 전쟁과 소란에 대해 들어도 놀라지 마라. 정말 그런 일들이 먼저 일어나야 하지만, 끝이 바로 오지는 않을 것이다."

그런 다음 계속 말씀을 이어갔다. "민족이 민족에 대항하여 일어나고, 나라가 나라에 대항하여 일어날 것이다. 이곳저곳에서 큰 지진이 일어나고 기근과 전염병이 생길 것이다. 또 하늘에서 무서운 광경과 엄청난 표징이 나타날 것이다. 그러나 이 모든 일이 일어나기 전에 사람들이 내 이름으로 인해, 너희를 체포하고 박해하고 회당이나 감옥에 넘겨주거나 왕과 총독 앞으로 끌고 갈 것이다. 그러나 이는 너희가 나에 대해 증언할 기회가 될 것이다. 그러므로 미리 변론을 생각하지 않겠다고 결심해라. 내가 너희의 대적 누구도 반항하거나 반박하지 못할 말재주와 지혜를 너희에게 줄 것이다. 그러나 너희는, 심지어 부모와 형제와 친척과 친구들에게도 배반당할 것이고 너희 중 몇은 죽임을 당할 것이며, 내 이름 때문에 어디에서나 미움을 받을 것이다. 그러나 너희 머리카락 하나도 소실되지 않을 것이다. 견뎌라. 그러면 너희 영혼을 얻을 것이다!

그러나 너희는 예루살렘이 군대에 포위된 것을 보면, 그 도성이 파멸할 때가 가까이 온 줄 알게 될 것이다. 그때 유대에 있는 자들은 언덕으로 도망가야 한다. 도성 안에 있는 이들은 거기서 나오고, 이미 시골에 있는 이들은 도성 안으로 들어가려 하지 마라. 이는 복수의 날, 성경이 말한 모든 것이 이루어질 날이기 때문이다. 그때 임신한 이들과 젖먹이 아기가 있는 이들이 가엾구나! 땅에 극심한 고난이 있을 것이고, 이 백성들에게 큰 진노가 미칠 것이다. 그들은 칼에 죽을 것이고, 포로가 되어 여러 나라로 쫓겨날 것이다. 예루살렘은 이교도의 시대가 끝날 때까지 이교도들의 발에 짓밟힐 것이다. 해와 달과 별들에 징조가 있을 것이고, 땅에서는 민족들이 불안해하고 사나운 파도의 포효 소리에 어쩔 줄 몰라 할 것이다. 사람들은 세상을 위협하는 것들을 보고 완전히 용기를 잃을 것이다. 하늘에서 힘을 발하던 것들이 흔들릴 것이기 때문이다. 그때 사람들은 인자가 권력을 잡고 아주 영광스럽게 구름에 휩싸여 오는 것을 볼 것이다! 그러나 이런 일들이 일어나기 시작하면 일어서서 머리를 높이 들어라. 너희는 곧 자유로워질 것이기 때문이다."

그리고 나서 예수가 그들에게 비유를 들어주었다. "무화과나무나 어떤 나무든 보아라. 나무에 싹이 나기 시작하면 누가 말해주지 않아도 너희는 여름이 가까이 온 줄 알아차린다. 그러므로 이와 같은 일들이 일어나는 것을 보면, 하나님 나라가 가까이 왔다고 확신할 수 있다. 장담하건대, 이 세대가 끝나기 전에 이 모든 일이 일어날 것이다. 하늘과 땅은 없어지지만 내 말은 절대 없어지지 않을 것이다.

경계를 늦추지 마라. 너희 마음이 방탕이나 술 취함

이나 이생의 염려로 흐릿해지지 않도록 해라. 그렇게 하지 않으면 덫이 튀어 오르듯 그날이 너희를 붙잡을 것이다. 그날은 온 땅의 모든 거민에게 올 것이기 때문이다.

너희는 일어날 모든 일을 무사히 피할 만큼 강해지도록, 또 인자 앞에 설 수 있도록 기도하며, 항상 정신을 차리고 있어라."

예수는 날마다 성전에서 가르치고, 저녁에는 나가서 올리브 산에서 밤을 보냈다. 모든 백성이 예수의 말을 들으려고 아침 일찍 성전에 모였다.

―⁂―

유월절이라 부르는 무교절이 다가오자, 대제사장들과 율법학자들은 백성들이 두려워서, 예수를 없앨 방도를 필사적으로 찾으려 했다. 그때 사탄이 열두 제자 중 하나인 가룟 유다의 마음속으로 들어갔다. 가룟 유다는 대제사장들과 관리들에게 가서 예수를 넘길 방법을 의논했다. 그들은 기뻐하며 그 대가로 돈을 주겠다고 했다. 유다도 동의하고, 무리가 없을 때 예수를 넘길 적당

한 기회를 찾기 시작했다.

무교절 날, 곧 유월절 양을 희생 제물로 바치는 날이 되어, 예수가 베드로와 요한을 보내며 말했다. "가서 우리가 유월절 식사를 할 수 있도록 준비해라."

그들이 물었다. "우리가 어디에서 준비하면 좋을까요?"

그러자 예수가 대답했다. "잘 들어라. 시내로 들어가

예수가 제자들과의 마지막 유월절을 준비하다

면 물항아리를 가지고 가는 사람을 만날 것이다. 그가 가는 집으로 따라가거라. 그런 다음 그 집 주인에게 이렇게 말해라. '선생님께서 당신에게, "어느 방에서 내가 제자들과 유월절 식사를 하면 되겠느냐"고 하십니다.' 그러면 그가 너희를 위층으로 데리고 가서 우리 필요에 맞게 준비된 큰 방을 보여줄 것이다. 거기서 모든 것을 준비해라."

그래서 그들은 나가서 예수가 말한 그대로 모든 것을 찾아 유월절 준비를 했다.

그러고 나서 때가 되어, 예수가 사도들과 함께 식탁에 앉아서 그들에게 말했다. "진심으로 나는 고난받기 전에 너희와 유월절 식사를 같이 하기를 간절히 바랐다. 장담하건대, 나는 유월절이 의미하는 바가 하나님 나라에서 이루어질 때까지 다시 유월절 식사를 하지 않을 것이다."

그러고 나서 그들에게서 잔을 받고 하나님께 감사 기도를 드리며 말했다. "이 잔을 받아 너희들끼리 나누어 마셔라. 내가 너희에게 말한다. 이 순간부터 나는 하나님 나라가 올 때까지 포도주를 마시지 않을 것이다."

그러고 나서 예수는 빵 한 조각을 들고 하나님께 감사 기도를 드린 다음, 빵을 떼어 그들에게 주며 이렇게 말했다. "이것은 너희를 위해 주는 내 몸이다. 나를 기념하여 이 일을 행하여라."

또한 저녁 식사 후 그들에게 잔을 주며 말했다. "이 잔은 너희를 위해 흘리는 내 피로 세운 새 언약이다. 그러나 나를 배반할 사람의 손이 내 손과 함께 이 식탁 위에 있다. 인자는 정해진 길을 가지만, 인자를 배반할 사람은 가엾구나!"

그들은 이 말을 듣고 나서, 누가 이 일을 할지 그들끼리 토론하기 시작했다. 그런 다음 그들 가운데서 누가 가장 중요한 사람인지를 놓고 논쟁이 붙었다. 그러나 예수가 그들에게 말했다. "이교도들 사이에서는 왕이 그들 위에 군림하고, 통치자들이 '은혜를 베푸는 사람'이라는 칭호를 얻는다. 그러나 너희는 그래서는 안 된다! 너희 가운데 가장 높은 사람은 아랫사람같이 되어야 하고, 너희의 지도자는 종이 되어야 한다. 밥을 먹으려고 앉은 사람과 그를 섬기는 사람 중, 누가 더 높은 사람이냐? 분명 밥을 먹으려고 앉은 사람이다. 그러나 나는 너희의 종으로 너희 곁에 있다. 그러나 너희는 내가 이 모든 일을 겪을 때 내 옆을 지킨 이들이다. 내 아버지께서 내게 나라를 주신 것과 똑같이, 나는 너희에게 그 나라에서 내 식탁에 앉아 먹고 마실 권리를 주겠다. 너희는 보좌에 앉아서 이스라엘의 열두 지파를 심판할 것이다!

아, 시몬아, 시몬아, 너는 사탄이 너희 모두를 밀처럼 체질하게 해달라고 요청한 것을 아느냐? 그러나 나는 네가 믿음을 잃지 않도록 너를 위해 기도했다. 네가 내게 다시 돌아올 때에는 여기 있는 네 형제들을 강하게 해라."

베드로가 예수에게 말했다. "주님, 저는 주님과 함께 감옥에 갈 준비도 되어 있고, 죽을 준비까지 되어 있습니다!"

예수가 대답했다. "내가 네게 말한다. 베드로야, 오늘 수탉이 울기 전에 네가 나를 안다는 사실을 세 번 부인할 거야!"

그런 다음 예수가 그들 모두에게 계속 말했다. "내가 너희를 손가방이나 지갑이나 신발 없이 보냈을 때 너희에게 필요한 것이 있었느냐?"

그들은 "아니요, 없었습니다" 하고 대답했다.

예수는 계속 말을 이어갔다. "그러나 이제는 너희에게 손가방이나 지갑이 있다면 가지고 다녀라. 또 칼이 없다면, 겉옷을 팔아서 하나 사라! 내가 너희에게 말한다. 이 성경 말씀이 내게 이루어져야 하기 때문이다.

그는 위법자로 여겨졌다.

이렇게 그들이 나에 관해 쓴 내용이 곧 막을 내린다."

그때 제자들이 말했다. "주님, 보십시오. 여기 칼 두 자루가 있습니다."

그러자 예수가 대답했다. "그것으로 충분하다."

그러고 나서 예수는 전에 종종 그랬듯이, 시내에서 나와 올리브 산으로 올라갔다. 제자들도 예수를 따라갔다. 예수는 평소 가는 장소에 가서 그들에게 말했다. "시험을 만나지 않도록 기도해라!"

예수가 제자들에게 위기가 왔다고 말하다

그러고는 돌을 던지면 닿을 만한 거리만큼 혼자 가서 무릎을 꿇고 이렇게 기도했다. "아버지, 원하시면 이 잔을 내게서 거두어주십시오. 그러나 그것은 내 뜻이 아니라 아버지의 뜻이어야 합니다."

예수가 그렇게 기도한 후에 일어나 제자들에게 돌아가보니, 그들은 슬픔에 지쳐 잠들어 있었다.

예수가 그들에게 말했다. "어째서 자고 있니? 너희는 일어나 시험을 만나지 않도록 계속 기도해라."

예수가 아직 말하고 있을 때, 갑자기 열두 제자 중 하나인 유다가 한 무리를 데리고 나타났다. 그는 예수에게 입을 맞추려고 다가왔다.

예수가 그에게 말했다. "유다야, 네가 입맞춤으로 인자를 넘겨주려 하느냐?"

제자들이 일어나는 일을 보고 외쳤다. "주님, 우리가 칼을 쓸까요?"

제자들 중 하나가 칼을 휘둘러 대제사장의 종의 오른쪽 귀를 베었다. 그러나 예수가 제지했다. "됐다, 충분하다!"

그러고는 그의 귀를 만져서 고쳐주었다. 그런 다음 예수는 그를 체포하려고 거기 있던 대제사장들과 성전 관리들과 장로들에게 말했다. "너희는 내가 마치 강도인 양, 칼과 몽둥이를 가지고 왔느냐? 내가 날마다 성전에서 너희와 함께 있었지만 내게 손가락 하나 대지 않았다. 그러나 지금은 너희 때이고 어둠의 권세가 너희에게 있다!"

그때 그들이 예수를 체포해 대제사장의 집으로 끌고

갔다. 베드로는 좀 떨어져서 따라갔다. 그때 사람들이 뜰 한가운데 불을 지피고 그 주위에 앉아 있었는데, 베드로도 그 사람들 사이에 앉았다. 한 여종이 불가에 앉아 있는 베드로를 보더니, 그의 얼굴을 자세히 들여다보며 말했다. "이 사람도 그와 함께 있었어요."

그러나 베드로는 그 말을 부인하며 말했다. "이봐요, 나는 그 사람 몰라요!"

잠시 후 다른 누군가가 베드로를 알아보고 말했다. "당신도 이 사람들과 한패입니다."

그러나 베드로는 부인했다. "이 사람아, 나는 아니오!"

그러고 나서 한 시간쯤 후에 다른 누군가가 주장했다. "분명히 이 사람은 그와 함께 있었소. 이 사람은 갈릴리 사람이 맞아요!"

베드로가 대답했다. "이 사람아, 당신이 대체 무슨 말을 하는지 모르겠소."

그가 아직 말을 하고 있는데, 그 즉시 수탉이 울었다. 주가 고개를 돌려 베드로를 똑바로 바라보자, 그제야 주가 베드로에게 했던 말…, 곧 '네가 오늘 수탉이 울기 전에 나를 세 번 부인할 거야'라는 말씀이 갑자기 뇌리에 스쳤다. 그는 밖으로 나가 비통하게 울었다.

그때 예수를 붙잡았던 사람들이 예수를 때리며 심하게 놀렸다. 또 예수의 눈을 가리고 나서 물었다. "어이, 예언자 양반, 누가 방금 때렸는지 알아맞혀봐!"

그들은 그렇게 예수를 모욕했고, 이는 시작일 뿐이었다.

새벽이 되자, 대제사장들과 율법학자들을 비롯한 장로들이 공의회를 열어 예수를 끌고 왔다. 거기서 그들이 예수에게 물었다. "당신이 정말 그리스도라면 우리에게 말하시오!"

"내가 너희에게 말한다 해도 너희는 절대 나를 믿지 않을 것이다. 또 내가 너희에게 질문해도 너희는 내게 답하지 않을 것이다. 그러나 지금부터 인자는 전능한 하나님 오른쪽에 앉을 것이다."

그러자 그들이 모두 말했다. "그러면 그대가 하나님의 아들이오?"

예수는 "그렇다. 내가 하나님의 아들이다" 하고 그들

에게 말했다.

그러자 그들이 말했다. "우리가 직접 그의 입에서 이 말을 들었으니, 우리에게 무슨 증인이 더 필요하겠소?"

그 후 그들이 일제히 일어나 그를 빌라도에게 끌고 가서, 이런 말로 고소하기 시작했다.

"이 사람은 우리 백성을 타락시키고, 자신이 그리스도요 왕이라 주장하며, 황제에게 세금을 바치는 것이 옳지 않다고 말하며 다녔습니다."

그러나 빌라도는 예수에게 그가 할 질문을 했다. "당신이 유대인의 왕이오?"

예수는 "당신이 그렇다고 말하고 있습니다"라고 대답했다.

그러자 빌라도가 대제사장들과 무리에게 말했다. "나는 이 사람한테서 아무 죄도 찾지 못했소."

그러나 그들은 고소하며 말했다. "그는 백성들 사이에서 늘 문제를 일으킵니다. 갈릴리부터 이곳에 이르기까지 유대 전 지역에서 계속 백성들을 가르쳤습니다."

빌라도는 이 말을 듣고 그가 갈릴리 사람인지 물었고, 그가 헤롯의 관할권 아래 있음을 알아차리고는, 마침 예루살렘에 있던 헤롯에게 그를 넘겼다. 오랫동안 예수를 만나고 싶어 했던 헤롯은 예수를 보고 기뻐했다. 그는 예수에 관해 많이 듣고 나서, 예수의 기적을 보고 싶어 했다. 헤롯은 예수를 철저하게 심문했지만, 예수는 그에게 아무 대답도 하지 않았다. 그러나 대제사장들과 율법학자들은 그곳에 서서 아주 격렬하게 고소를 했다. 그러자 헤롯은 자기의 군사들과 함께 예수를 비웃고 조롱하고 나서는, 결국 예수에게 아주 멋진 겉옷을 입혀서 빌라도에게 돌려보냈다. 이전까지 서로 으르렁거렸던 헤롯과 빌라도는 그날 절친한 친구가 되었다.

그때 빌라도가 대제사장들과 관리들과 백성들을 불러, 이렇게 말했다. "그대들은 이 사람이 백성들을 이간질한다고 내게 데리고 왔소. 그래서 그대들 앞에서 그를 조사했지만, 그대들의 고소에도 불구하고 나는 아무 죄도 찾지 못했소. 이 점을 그대들 모두가 알았으면 하오.

헤롯도 죄를 찾지 못해 그를 우리에게 돌려보냈소. 그렇다면 분명 이 사람은 사형을 받을 만한 짓은 하지 않았소. 그러므로 나는 엄하게 꾸짖은 다음 풀어주겠소."

그러나 그들은 한 목소리로 고함을 쳤다. "이 사람을 없애주십시오! 우리는 바라바가 풀려나기를 원합니다!"

(바라바는 그 도시에서 폭동을 일으키고 살인을 저질러 감옥에 갇힌 사람이었다.) 그러나 빌라도는 예수를 풀어주고 싶어서, 다시 그들에게 큰 소리로 말했지만, 그들은 다시

십자가로 가는 길

그에게 소리쳤다.

"십자가에 못 박으십시오. 그를 십자가에 못 박으십시오!"

그래서 그가 세 번째로 그들에게 말했다. "그렇다면 그의 죄가 무엇이오? 나는 그를 처형할 만한 아무런 죄도 찾지 못했소. 나는 엄하게 꾸짖은 다음에 풀어주려 하오."

그러나 그들은 그를 십자가에 못 박아야 한다고 큰 소리로 요구하며, 빌라도의 입을 막았다.

그날 그들의 외침이 이겼다. 빌라도는 그들의 요구를 들어주기로 결정했다. 그는 그들이 요구한 사람, 곧 폭동과 살인으로 옥에 갇혔던 사람을 풀어주고, 그들의 요구대로 예수를 내주었다.

그들은 예수를 끌고 가다가, 밭에서 집으로 가고 있는 아프리카 구레네 출신 시몬을 불러 그의 등에 십자가를 지우고, 예수의 뒤를 따라가게 했다.

엄청난 무리가 예수를 따라갔다. 무리 가운데는 비통해하며 예수를 위해 우는 여인들도 있었다. 그러나 예수는 그들을 돌아보며 말했다. "예루살렘의 여인들이여, 나를 위해 눈물을 흘리지 말고 그대들과 자녀를 위해 눈물을 흘리세요! 사람들이 '아이가 없는 여인들, 아이를 낳아보지 못한 몸과 젖을 먹여보지 못한 가슴은 운이 좋다'고 말할 때가 올 것입니다. 그때 사람들이 산에게 '우리 위로 쓰러져라'라고 말하고, 언덕들에게 '우리를 덮쳐라!'라고 말할 것입니다. 나무가 푸를 때 사람들이 이렇게 한다면, 나무가 마를 때에는 어떻게 하겠습니까?"

죄수 둘도 예수와 함께 처형당하러 끌려갔다. 그들이 해골이라는 곳에 이르자, 예수를 십자가에 못 박고 두 죄수들도 예수 양편에 하나씩 못 박았다. 그러나 예수는 말했다. "아버지, 저들을 용서해주십시오. 저들은 자기가 무슨 일을 하고 있는지 모릅니다."

그때 그들은 제비를 뽑아 예수의 옷을 나누어 가졌다.

백성들이 서서 유심히 쳐다보고 있었을 때, 그들의 지도자들은 계속 비웃으며 말했다. "저 사람이 다른 사람들을 구원했으니, 정말 하나님의 그리스도, 그분의 택

함을 받은 이라면 자신도 구원하는지 보자!"

군인들도 나아와 예수에게 신 포도주를 주면서 모욕하며 말했다. "네가 유대인의 왕이라면서, 왜 너 자신은 못 구해?" 예수의 머리 위에는 명패가 있었는데 이렇게 씌어 있었다.

이 사람이 유대인의 왕이다

예수가 죄수 둘과 함께 십자가에 못 박히다

십자가에 달려 있던 죄수 중 하나도 욕을 퍼부으며 말했다. "네가 그리스도 맞아? 너도 구하고 우리도 구해보시지."

그러나 다른 한 죄수는 다음과 같이 말하며 그를 제지했다. "똑같이 벌을 받고 있으면서 하나님이 두렵지도 않아? 우리는 죄를 지어서 벌을 받지만 이 사람은 아무 죄가 없어."

그러고 나서 그가 말했다. "예수님, 당신의 나라에 들어갈 때 나를 기억해주십시오."

그러자 예수가 대답했다. "내가 진실로 그대에게 말하네. 바로 오늘 그대는 나와 함께 낙원에 있을 걸세."

정오쯤 되었지만, 오후 세 시까지 그 지역 전체에 어둠이 밀려왔다. 태양이 빛을 잃었기 때문이다. 또한 성전 성소의 휘장이 둘로 찢어졌다. 그때 예수가 큰 소리로 외쳤다. "아버지, 내 영을 아버지 손에 맡깁니다."

예수가 이 말을 하고 숨을 거두었다.

백부장이 일어난 일을 보고 경배하는 마음으로 소리쳤다. "이 사람은 진실로 선한 사람이었다!"

구경하러 온 무리 전체가 일어난 일을 보고 심히 괴로워하며 집으로 돌아갔다. 갈릴리에서부터 그를 따라왔던 여인들뿐 아니라, 그를 알았던 모든 이들이 멀리서서 일어난 일들을 지켜보았다.

유대 공의회 회원에 요셉이라는 사람이 있었다. 그는 선하고 의로운 사람으로 그들의 계획에 동의하지도 않았고, 그들의 결정에 찬성표를 던지지도 않았다. 그는 아리마대라는 유대 도시 출신으로 하나님 나라를 기다리고 있었다. 요셉이 빌라도에게 가서 예수의 시신을 내어달라고 청했다. 그는 시신을 끌어내려 삼베로 싼 다음, 바위를 깎아서 만든, 한 번도 사용하지 않은 무덤에 안치했다.

그날은 준비일이었고 안식일의 동이 트기 시작했다. 그래서 갈릴리에서부터 예수와 동행했던 여인들이 요셉을 따라가서 그 무덤과 시신의 자리를 주의하여 보고, 향료와 향유를 준비하러 집으로 돌아갔다. 그들은 계명에 순종하여, 안식일에 쉬었다.

5부

그러나 그 주의 첫날 동이 틀 무렵, 여인들은 준비한 향료를 가지고 무덤으로 갔다. 그들은 무덤을 막았던 돌이 굴려져 있는 것을 발견했다. 그러나 안으로 들어가보니, 주 예수의 시신이 보이지 않았다. 그들이 아직 당황하고 있을 때, 갑자기 눈이 부시게 밝은 옷을 입은 두 사람이 바로 옆에 나타났다. 여인들은 너무 무서워서 눈을 돌려 땅을 바라보있다. 그러나 두 사람이 그들에게 말했다. "너희는 어째서 살아 계신 분을 죽은 자들 가운데서 찾느냐? 그는 여기 계시지 않고 살아나셨다! 그가 갈릴리에 계실 때 너희에게 했던 말을 기억해보아라. 그는 인자가 악한 사람들 손에 넘어가, 십자가에 못 박히고, 사흘 만에 다시 살아나야 한다고 말씀하셨다."

그들은 예수가 했던 말을 기억했다. 그러고는 무덤을

떠나 이 모든 일을 열한 제자와 일행들에게 알렸다.

이 소식을 사도들에게 알린 이들은, 막달라 마리아와 요안나, 마리아, 야고보의 어머니, 그리고 그들의 동료들이었다. 그러나 사도들은 그저 착각으로 여기고 여인들을 믿지 않았다. 베드로만이 일어나서 무덤으로 달려갔다. 허리를 굽히고 동굴 안을 보았지만 그곳에는 삼베옷만 있었다. 그는 무슨 일이 일어났는지 의아해하며 집으로 돌아갔다.

같은 날 그들 가운데 두 사람이, 예루살렘에서 11킬로미터쯤 떨어진 마을인 엠마오로 내려가고 있었다. 그들은 걸어가면서, 일어난 일에 대해 이야기하느라 대화에 빠져 있었다. 그들이 진지한 대화와 토론에 빠져 있을 때, 예수가 그들에게 다가와 함께 걸었다. 그러나 무언가가 그들의 눈을 가려 예수를 알아보지 못했다. 그때 예수가 그들에게 말을 걸었다. "그대들은 걸으면서 무슨 토론을 그렇게 합니까?"

그들은 침통한 표정으로 멈춰 섰다. 글로바라는 사람이 대답했다. "예루살렘에 있으면서, 최근 거기서 일어난 일들을 듣지 못한 사람은 당신밖에 없을 거요!"

예수는 "무슨 일이요?" 하고 물었다.

"나사렛 사람 예수 말이요. 그는 사람들뿐 아니라 하나님이 보시기에도 행동과 말이 뛰어난 예언자였습니다. 그런데 대제사장들과 지도자들이 그를 처형하도록 넘겨주어 십자가에 못 박았는데, 당신은 이 소식을 못 들었소? 우리는 그를, 이스라엘을 해방할 분으로 기대하고 있었는데….

그런데 그것으로 충분하지 않았는지, 이 모든 일이 일어나고 사흘째가 되던 날, 우리 가운데 여인들 몇이 우리를 완전히 혼란에 빠뜨렸죠. 그들은 새벽에 무덤에 갔다가 그의 시신을 찾지 못하고, 대신 그가 살아났다고 말하는 천사들을 만났다고 했습니다. 그래서 우리 가운데 몇 사람이 곧바로 무덤으로 가보았더니, 여인들이 말한 그대로였습니다. 그러나 그들은 그를 보지 못했습니다!"

그러자 예수가 그들에게 말했다. "그대들은 정말 어리석네요. 예언자들이 한 말을 믿는 데 왜 그렇게 미적거려요! 그리스도는 반드시 그런 고난을 겪고 영광을 얻어야 하는 것 아닙니까?"

그런 다음 예수는 모세와 모든 예언자로 시작하여 성경에서 자신을 가리키는 모든 내용을 그들에게 설명했다.

이때쯤 그들은 목적지 마을 가까이에 이르렀다. 예수가 계속 가려는 듯한 모습을 보이자, 그들은 다음과 같이 말하며 그를 막았다. "우리하고 같이 묵읍시다. 저녁도 다 됐고 날도 곧 저물 거예요."

그래서 예수는 그들과 함께 묵으려고 안으로 들어갔다. 그때 그 일이 일어났다! 예수는 그들과 함께 식탁에

엠마오로 가는 길

앉아서, 빵 한 조각을 들고 감사 기도를 드린 다음 빵을 떼어 그들에게 주었다. 그들은 눈이 휘둥그레지며 그를 알아보았다! 그러나 예수는 그들의 시야에서 사라졌다. 그때 그들이 서로 말했다. "예수께서 길에서 우리에게 성경을 해설해주실 때 우리 마음이 뜨겁게 타오르지 않던가?"

그들은 지체하지 않고 일어나 예루살렘으로 돌아갔다. 와보니, 열한 제자와 그들의 친구들이 모두 함께 모여 있었다. 그들은 두 사람을 보자 "주께서 정말 살아나셨다. 그가 시몬에게 나타나셨다!"고 할 만큼 그 소식에 고무돼 있었다.

그래서 두 사람도 길에서 있었던 일과, 예수가 빵을 떼줄 때 비로소 그를 알아본 이야기를 해주었다.

그들이 여전히 이런 일들에 관해 이야기하고 있을 때, 예수가 그들 가운데 서서 말했다. "너희 모두에게 평안이 함께하기를!"

그러나 그들은 너무 무서워 뒷걸음질 쳤다. 유령을 보고 있다고 생각했기 때문이다.

예수가 말했다. "너희는 어째서 그렇게 당황하느냐? 어째서 너희 마음에 의심을 품고 있느냐? 내 손과 내 발을 봐라. 정말 나다! 나를 만져봐라. 유령은 살과 뼈가 없다. 하지만 너희가 보다시피 나는 살과 뼈가 있다."

그러나 그들이 너무 기뻐 아직도 믿을 수 없어 심히 당황스러워하고 있을 때 예수가 그들에게 말했다. "여기 먹을 게 좀 있니?"

그들은 예수에게 구운 생선 한 토막을 드렸다. 예수가 생선을 받아 그들이 보는 앞에서 먹었다. 그러고는 말했다. "내가 너희와 함께 있을 때 너희에게 한 말이 지금 여기에서 이루어진다. 나는 모세의 율법과 예언자와 시편에서 나에 관해 기록된 모든 것이 이루어져야 한다고 말했다."

예수는 그들이 성경을 깨달을 수 있도록 그들의 마음을 열어주고 덧붙였다. "그렇게 기록되어 있으므로, 반드시 그리스도는 고난을 받고 사흘째 되는 날에 죽은 자 가운데서 살아나야 한다. 그래서 마음을 돌이켜 죄 용서를 받으라는 소식이 예루살렘에서 시작하여 모든 민족에게 그의 이름으로 선포되어야 한다.

너희는 이 일의 목격자다. 이제 아버지의 약속을 너희에게 넘겨준다. 그러므로 너희는 위에서 오는 능력을 입을 때까지 이 도시에 머물러 있어라."

예수는 말했다. "너희는 이미 내가 한 말을 들었다. 요한은 물로 세례를 주었지만, 너희는 머지않아 성령으로 세례를 받을 것이다."

그러자 그들은 자연스럽게 모두 모여 예수께 물었다. "주님, 주님께서 이스라엘에게 나라를 되찾아 주실 때가 지금입니까?"

예수는 대답했다. "하나님께서 고유한 권한으로 정하신 시기와 날짜는 알 길이 없다. 그러나 성령이 너희에게 오시면 너희는 힘을 얻는다. 그러면 너희는 예루살렘뿐 아니라, 유대 전역뿐 아니라, 사마리아만이 아니라, 땅 끝까지 나를 전하는 증인이 될 것이다."

예수는 말을 마치고 그들이 보는 앞에서 구름에 가려 보이지 않을 때까지 하늘로 올라갔다. 예수가 올라가는 동안 그들은 계속 하늘을 쳐다보았다. 갑자기 흰 옷을 입은 두 사람이 그들 곁에 나타나 말했다. "갈릴리 사람들이여, 왜 여기 서서 하늘을 쳐다보고 있소? 그대들을 떠나 하늘로 올라가신 예수께서는 그대들이 본 그대로 돌아오실 것이오."

그들은 이 말을 듣고 올리브 산에서 예루살렘으로 돌아갔다. 그 산은 안식일에도 다닐 수 있을 만큼 성에서 가까웠다. 그들은 예루살렘에 들어가자마자 숙소인 다락방으로 갔다. 베드로, 요한, 야고보, 안드레, 빌립, 도마, 바돌로매, 마태, 알패오의 아들 야고보, 민족주의자 시몬, 야고보의 아들 유다는 예수를 따르던 여인들과, 예수의 어머니 마리아와 예수의 동생들과 모두 함께 뜻을 모아 기도에 힘썼다.

이즈음, 형제들이 백이십 명쯤 모인 자리에서 베드로가 일어나 말했다.

"형제들이여, 성령께서 다윗의 입을 통해 하셨던 유다에 관한 성경의 예언은 이루어져야만 했습니다. 그는 예수를 체포한 자들의 앞잡이 노릇을 했습니다. 한때 우리와 함께 주의 일에 동참했었는데 말이죠."

그는 예수를 배신하고 받은 돈으로 땅 한 뙈기를 샀지만, 몸통이 부풀어 터져 창자가 쏟아졌다. 예루살렘 주민이 모두 이 사실을 알고 그 땅을 토착어로 아겔다마, 곧 피밭이라 불렀다. "시편은 그를 이렇게 말합니다.

> 그의 거처가 황폐해지고,
>
> 아무도 그 안에서 살지 못하게 하소서.
>
> 그의 직무를 다른 사람이 맡게 하소서.

그러므로 우리와 함께할 사람은, 요한이 예수께 세례를 주었던 조기부터 예수께서 우리를 떠나 올라가실 때까지, 곧 주 예수께서 우리와 함께 계셨던 내내 우리와 함께 있었던 사람이어야 합니다. 우리와 함께 예수의 부활을 직접 목격한 사람이어야 합니다."

그들은 바사바라고도 하고 유스도라고도 하는 요셉과 맛디아, 두 사람을 앞에 세우고 기도했다. "모든 사람의 마음을 아시는 주님, 주님께서는 이 두 사람 중 누구를 택하여, 자기가 속한 곳으로 가느라 유다가 박탈당한 사도의 직무를 맡게 하실지 우리에게 보여 주십시오."

제비를 뽑자, 맛디아가 뽑혔다. 이후부터 그는 열한 제자와 동일한 사도로 인정받았다.

오순절에 그들은 모두 모였다. 갑자기 하늘에서 거친 바람이 돌진하는 듯한 소리가 나더니, 그들이 앉은 집 전체를 가득 채웠다. 그리고 눈앞에 혀처럼 생긴 불길이 나타나 갈라져서 각 사람 위에 임했다. 그들은 모두 성령이 충만하여, 성령이 주는 능력에 따라 서로 다른 언어로 말씀을 선포했다.

당시 예루살렘에는 세계 각국에서 모인 신앙이 깊은 유대인들이 거주하고 있었다. 그들은 이 소리를 듣고 신속히 모였다. 무리는 자기들의 나라말로 말하는 그들을 보고 어리둥절했다. 그들은 경악하며 말했다. "들어 보세요. 설마 이들이 모두 갈릴리 사람들입니까? 그런데 무슨 일이 있었기에, 우리가 어릴 때부터 아는 언어로 그들의 말을 알아듣고 있는 겁니까? 여기에는 바대 사람과 메대 사람과 엘람 사람이 있습니다. 또한 메소포타미아, 유대와 갑바도기아, 본도, 아시아, 브루기아, 밤빌리아, 이집트, 그리고 구레네 근처 리비아가 고향인 사람들뿐 아니라 로마에서 온 방문객들도 있습니다! 유대인들과 유대교로 개종한 이들도 있고, 그레데 사람과 아라비아 사람도 있습니다. 그런데 우리는 지금 이 사람들이 우리 모국어로 하나님이 하신 영광스러운 일들에 대해 이야기하는 것들을 듣고 있습니다."

모든 사람이 깜짝 놀라며 어쩔 줄을 몰랐다. 사실 그들은 서로 계속 이렇게 말했다. "대체 이게 무슨 일이야?"

그러나 조롱하고 비웃으며 이렇게 말하는 이들도 있었다. "이 사람들이 달달한 포도주를 너무 많이 먹고 취했구나!"

그때 베드로가, 열한 제자와 함께 서서, 목소리를 높여 그들에게 말했다. "유대인 동포와 지금 예루살렘에 거주하고 있는 모든 이여, 무슨 일이 일어났는지 여러분에게 설명할 테니 내가 하는 말을 잘 들으십시오! 이들은 여러분의 생각처럼 술에 취한 것이 아닙니다. 지금은 큰 명절날이고 아침 아홉 시밖에 되지 않았습니다. 그렇습니다. 예언자 요엘이 예언한 대로입니다.

> 하나님께서 말씀하신다. 마지막 때가 되면,
> 내가 모든 육체에 내 영을 부어 줄 것이다.
> 그러면 너희 아들들과 딸들은 예언을 하고,
> 너희 청년들은 환상을 보고,
> 너희 노인들은 꿈을 꿀 것이다.
> 또 그 날에
> 내가 내 남종들과 여종들에게 내 영을 부어 줄 것이다.
> 그러면 그들은 예언을 할 것이다.
> 또 내가 피와 불과 연기로
> 하늘에서 기적을 보이고, 땅에서 표적을 보일 것이다.
> 주의 날, 광대하고 중요한 그날이 오기 전에
> 해는 어둠으로 변하고, 달은 피로 변할 것이다.
> 주의 이름을 부르는 이는 누구든
> 구원을 받을 것이다.

어린 교회의 첫 오순절

이스라엘 사람들이여, 내 말을 잘 들으십시오. 나사렛 예수는 하나님께서 직접 권능의 사역과 기적과 표징으로 여러분에게 입증해 보이신 분이었습니다. 여러분이 잘 아는 것처럼, 하나님께서는 그를 통하여 여기 계신 여러분 가운데서 그 일들을 보여 주셨습니다. 이분은 하나님이 미리 계획하고 아셨던 대로 여러분의 손에 넘어갔는데, 여러분은 율법 없는 사람들을 이용해서 여러분의 목적을 이루었고 이분을 못 박아 죽였습니다! 그러나 하나님께서는 매서운 죽음의 고통이 그분을 붙잡아 두도록 놔두지 않으셨습니다. 하나님께서는 그를 다시 살리셨습니다. 사실 죽음은 그와 같은 분을 붙잡아 둘만 한 힘이 없었습니다. 다윗은 그에 관해 이렇게 말합니다.

> 나는 항상 내 앞에서 주님을 보았다.
> 그는 내가 흔들리지 않도록
> 내 오른편에 계시기 때문이다.
> 그래서 내 마음이 기뻤고 내 혀가 즐거웠다.
> 또 내 육체도 소망 가운데 살았다.
> 주께서 내 영혼을 지옥에 내버려두지 않으시며,
> 주님의 거룩한 자가 부패하지 않게
> 하실 것이기 때문이다.
> 주께서 내게 생명의 길을 알게 해주셨고,
> 나는 주님의 얼굴을 뵈며 기뻐할 것이다.

유대인 형제들이여, 나는 조상 다윗에 대해 여러분에

게 확실하고 거리낌 없이 말할 수 있습니다. 그는 틀림없이 죽어서 묻혔고, 그의 무덤은 오늘날까지 여기 우리 가운데 있습니다. 그러나 그는 살아 있는 동안 예언자였습니다. 그는 하나님께서 그에게 아주 엄중하게 약속하셨음을 알았습니다. 그의 자손이 왕위에 오른다는 약속이었습니다. 다윗은 그리스도의 부활을 예견하며, 이렇게 말합니다. 그리스도는 '자신의 영혼을 지옥에 내버려 두지' 않았고, 그의 몸은 '부패하지 않았다.' 이 예수를 하나님께서 살리셨습니다. 이는 우리가 모두 목격한 사실입니다! 그는 하나님의 오른편으로 올라가셨습니다. 또 약속하신 대로 성령을 아버지께 받아서, 우리에게 부어 주셨습니다. 여러분이 지금 보고 듣는 것이 바로 그 성령입니다! 다윗은 하늘로 올라가지 못했지만 그는 분명하게 말했습니다.

> 주께서 내 주께 말씀하셨다.
> 내가 네 원수들을 네 발받침으로 만들 때까지
> 너는 내 오른편에 앉아 있어라.

그러므로 이제 이스라엘 온 민족은, 여러분이 십자가에 못 박은 이 예수를 하나님께서 주와 그리스도로 선언하셨음을 알고 조금도 의심하지 말아야 합니다."

그들은 이 말을 듣고 마음이 찔려서 베드로와 사도들에게 외쳤다. "유대인 형제여, 그럼 우리는 이제 뭘 해야 할까요?"

베드로가 그들에게 말했다. "회개하고, 모두 예수 그리스도의 이름으로 세례를 받아야 합니다. 그러면 여러분은 죄를 용서받고 성령을 선물로 받을 것입니다. 이 약속은 여러분과 여러분의 자녀에게, 또 멀리 있는 모든 이들에게, 주 우리 하나님께서 부르실 많은 이들에게 주신 위대한 약속입니다!"

베드로는 이보다 훨씬 더 많은 말로 증언하고 간청하며 말했다. "이 사악한 세대에서 빠져나오십시오!"

그때 이 말씀을 받아들인 이들이 세례를 받아, 그날 하루만 약 삼천 명이 제자가 되었다. 그들은 꾸준히 사도들의 가르침을 배우며, 함께 교제하고 빵을 떼고 기도했다.

  사도들을 통해 기적과 표징이 많이 일어나자, 모두가 깊은 경외감을 느꼈다. 신자들은 모두 함께 지내며 모든 것을 공유했다. 그들은 재산과 세간을 팔아서 각자 필요한 대로 나누어 썼다. 날마다 한마음으로 성전에 모였고, 각 가정에서 함께 빵을 떼며 기쁘게 밥상에 앉았다. 그들은 끊임없이 하나님을 찬양하고, 모든 사람에게 존경을 받았다. 주님은 구원받는 사람의 수를 날마다 더했다.

누가가 기록한 그리스도의 생애

초판 1쇄 인쇄 2021년 3월 8일
초판 1쇄 발행 2021년 3월 15일

지은이 J. B. 필립스
옮긴이 김명희
펴낸이 정선숙

펴낸곳 협동조합 아바서원
등록 제 274251-0007344
주소 경기도 고양시 덕양구 삼원로51 원흥하이필드 지식산업센터 606호
전화 02-388-7944 **팩스** 02-389-7944
이메일 abbabooks@hanmail.net

ⓒ아바서원, 2021

ISBN 979-11-90376-24-2 (00230)

잘못 만들어진 책은 구입한 곳에서 교환해 드립니다.